영어로 세상을 보다

Powerful
Reading Habits

20년차 국내 정상급 사교육기관에서 교육 및
프로그램운영과 경영을 했던 교육전문가가 강조하는
영어독서교육

영어독서혁명

발 행 | 2020년 10월 26일

저 자 | 조경미

펴낸이 | 한건희

펴낸곳 | 주식회사 부크크

출판사등록 | 2014.07.15.(제2014-16호)

주 소 | 서울특별시 금천구 가산디지털1로 119 SK트윈타워 A동 305호

전 화 | 1670-8316

이메일 | info@bookk.co.kr

ISBN | 979-11-372-2127-7

www.bookk.co.kr

조경미

20년간 국내 정상급 사교육기관 폴리, 아발론, 정상어학원 등에서 영어교육 및 프로그램운영과 경영을 했던 영어교육전문가.

미국 Long Beach 대학교 TESOL(테솔)자격을 소지했으며 영어유치원부터 대치동의 치열한 입시영어교육, 그리고 특목중, 특목고 입시컨설팅까지 폭넓은 교육경력을 지니고 있습니다.

한국 아이들이 생각을 키우고 꿈을 쫓으며 행복하기를 간절히 바랍니다. 우리 아이들이 타고난 천재가 아니더라도 자신에 대한 정확한 이해와 성실한 자세를 갖추면 얼마든지 목표를 이루고 행복한 인생을 살 수 있으리라 믿습니다. 세상의 잣대, 다른 사람들의 평가에서 자유로울 수 있고, 아이가 스스로 만족할 수 있는 선택과 결과를 만들어 낼 수 있는 성공적인 영어독서교육법을 공유하고자 이책을 집필했습니다. 영어실력뿐만 아니라 학습동기를 일으키고 구체적인 목표를 가지고 실행력까지 키울 수 있는 영어독서교육의 모든 것을 알려드립니다.

현재는 Story & Culture 영어독서교육의 대표로서 Story & Culture 영어도서관을 운영하면서 영어독서를 통해 자존감과 성취감을 높이는 스토리교육(Story교육: 아이만의 경험과 생각을 살린 Story가 있는 아이로 키우는 교육)을 하고 있습니다. 국내뿐만 아니라 외국에 계신 학부모님들에게도 성공적인 영어독서교육을 위한 도움을 드리고자 SNS를 통해 Best영어원서를 소개하고 책서평과 책활용법, 그리고 영어교육칼럼을 공유하며 소통하고 있습니다.

Blog   Story & Culture 영어독서교육
        https://blog.naver.com/story737
e-Mail story737@naver.com

CONTENT

Part 8. 창의력을 키우는 독서 활동과 Q&A

우리는 평범한 부모, 평범한 어른입니다.

우리 아이들은 성공을 쫓으면서도 닥칠 어려움을 스스로 극복하는 법을 배웠으면 합니다. 아이들은 결국 부모의 품을 떠나 스스로의 미래를 살아나갈 것입니다. 부모의 품에 있는 시간보다 홀로 미래를 살아나가야 할 시간이 더 길지요. 미래엔 즐겁고 행복한 시간도 있겠지만 힘든 시간도 많을 겁니다. 넘어질 수도 있고 버거운 시간을 가질 수도 있고 처절하게 실패를 경험할 수도 있습니다. 이를 이겨내기 위해서는 많은 간접경험을 해보고 느끼고 판단할 수 있는 능력이 필요합니다. 그것은 바로 다양한 영어독서를 통해서 얻을 수 있는 가장 큰 가치입니다.

지식을 습득하고 지식을 확장하며 지식을 창조하는 일련의 과정에 있어서 영어 독서교육은 필수불가결한 요소입니다. 신나는 영어로 시작하여 활용하는 영어로 발전하는 과정에서 언어 발달, 인지 발달, 사회, 정서 발달을 가능하게 하는 가장 적합한 교육이기 때문입니다. 또한, 독서는 그 자체가 지속적인 동기를 생성해 내기 때문에 이 모든 것이 가능합니다.

독서는 자녀가 자신의 목소리에 귀를 기울일 수 있고 진정으로 원하는 삶을 살 수 있게 합니다. 강한 확신과 믿음을 가지게 되며 누구보다 치열하게 매 순간을 최선을 다해 살아갈 수 있을 것입니다. 우리 아이가 타고난 천재가 아니더라도 자신에 대한 정확한 이해와 성실한 자세를 갖추면 얼마든지 목표를 이루고 행복한 인생을 살 수 있으리라 믿습니다. 세상의 잣대, 다른 사람들의 평가에서 자유로울 수 있고, 자신이 만족할 수 있는 선택과 결과를 만들어 내는데 영어독서는 큰 역할을 할 것입니다.

영어독서는 문화의 다양성과 다름을 인정하는 열린 사고를 하고 새로운 학문에 대한 도전 정신을 함양할 수 있습니다. 서서히 그러나 꾸준한 Input이 탄탄한 실력으로 축적되면 폭발적으로 중요한 시점에 발휘될 수 있습니다. 당장 좋은 점수를 받고 우수한 실력을 쌓는 것도 필요하지만 4차 산업혁명이 이미 시작된 지금, 미래 사회에 꼭 필요한 역량을 키우기 위해서는 유아기부터 영어독서 교육을 시작해야 합니다.

영어 능력습득을 위해서 '영미권에 아이를 보내야 할까?'하는 고민을 하실 수 있습니다. 그러나 영어권에서 이중 언어 사용이 가능한 경우는 그리 흔하지 않습니다. 모국어 환경에서 언어의 자신감을 지닌 채 영어를 습득하는 것이 중요합니다. 모국어를 잃는 경우는 언어 정체성을 잃는 것이므로 진정한 이중 언어 사용자가 될 수 없습니다. 자녀를 영미권에 보내지 않더라도 한국에서 평범한 부모가 평범한 자녀를 영어 독서광으로 만들 수 있으며 동시에 이중 언어 사용자로 성장시킬 수 있습니다.

영어 독서교육의 1단계(3~4세)는 영어와 만나는 시기, 2단계(5세~7세)는 영어와 노는 시기, 3단계(초1~초3)는 영어의 바다에 빠지는 시기, 4단계(초4~초6)는 영어로 세상을 즐기는 시기, 5단계(중1~중3)는 영어의 매력에서 헤어 나올 수 없는 시기, 6단계(고1~고2)는 영어를 충분히 이용하는 시기, 그리고 마지막 7단계(고3)는 영어로 날개를 다는 시기입니다. 7단계 중 부모는 4단계까지만 직접적인 영향을 줄 수 있습니다. 영어책을 읽으며 휴식을 취하는 아이로 성장시키기 위해서는 가장 많은 시간을 영어독서로 확보할 수 있는 유아기와 초등학교 저학년이 최적의 시기입니다. 이 시기를 놓치지 않고 영어독서를 지속한다면 분명히 대화가 많은 가족이 될 것이고 아이는 사춘기도 가볍게 넘길 수 있으며 5~7단계로 갈 수 있는 티켓을 쥐어 줄 수 있습니다.

'읽기는 언어를 배우는 최상의 방법이 아니다. 그것은 유일한 방법이다.'라는 미국의 언어학자 스티븐 크라셴(Stephen D. Krashen)교수의 주장은 이미 많이 알려져 있습니다. 저는 '그러니까 내 아이가 어떻게 영어책 읽기습관을 지닐 수 있는가?'의 해답이 될 수 있는 스티븐 크라셴(Stephen D. Krashen)교수의 다음 이야기를 강조하고 싶습니다.

책을 읽게 만드는 가장 빠른 방법은 'One positive reading experience can make you into a reader.(한 번의 긍정적인 독서 경험이 당신을 독서가로 인도할 수 있다.)'라고 말하며 늘 책을 가까이 두고 장기적으로 독서를 하다 보면 Addiction(중독)이 되어 Free Voluntary Reading(자율독서: 좋아하는 책을 스스로 골라 자기 마음대로 읽는 독서법)이 가능하다고 주장했습니다. 그렇다면 평범한 모든 부모들은 한 번이 아닌 여러 번의 긍정적인 영어 독서경험을 자녀에게 안겨주기 위해 부단히 노력하면 가능하지 않을까요?

과거에는 영어를 잘 하려면 '어느 학원에 보내야 하지?'를 고민했다면 지금은 '어떻게 독서습관과 영어 실력을 기를 수 있지?'를 고민해야 합니다. 저는 오랜 영어교육 경험을 하면서 부모님들이 홀로 고민을 외롭게 한다는 생각을 했습니다. 자녀를 키우다 보면, 올바로 대화하고 지도하며 잘 이끌고 있는지 의문이 들면서 불안할 때가 있습니다. 여기저기에서 정보를 얻기도 하지만 정말 옳은 방법인지 모르겠고 혼자 고민하다가 지쳐서 자녀의 중요한 교육 시기를 놓치기도 합니다. 부모도 성장해야 행복해 질 수 있고 부모가 행복해야 자녀도 행복할 수 있습니다. 제가 이 책을 쓰게 된 이유는 부모님들이 스스로 부족하다는 생각에 꺼려했던 영어 독서교육을 차분히 하나씩 실행에 옮길 수 있도록 유용한 정보를 드리기 위함입니다.

오만과 편견'의 작가 Jane Austen의 'I declare after all there is no enjoyment like reading!'이라는 말처럼 우리 아이들이 'I am a reader.'라는 정체성을 지니고 독서를 즐기며 행복하게 성장할 수 있기를 간절히 바랍니다. 평범한 부모가 평범한 자녀를 영어 독서광으로 만드는 법, '영어독서혁명'을 읽는 모든 분들이 영어 독서교육을 시도해 보시길 바라며 성공을 기원합니다.

조경미

Part 1

생각을 키우고
꿈을 쫓으며
행복을 완성하는
영어독서

1

모든 부모는
처음으로 부모가
되었고 모두 초보다

부모는 자녀가 성장하며 무엇을 좋아할지, 어떤 생각을 하며 가치관을 형성할지 예측하기 힘듭니다. 세상의 모든 부모들에게 자녀 교육은 처음으로 경험하는 것이기 때문에 더욱 그렇습니다. 독서는 부모가 가장 큰 도움을 받을 수 있는 것 중에 하나입니다.

폭넓고 깊이 있는 독서는 다양한 길을 알려주고 선택할 수 있는 지혜를 주기 때문입니다. 부모는 자녀의 미래를 책임질 수 없으며 자녀 스스로 꿈을 선택하고 노력하며 책임감을 지닐 수 있도록 도와주어야 합니다. 또한, 자녀가 스스로 행복하게 성장할 수 있도록 많은 간접 경험의 기회를 주고 통합적인 사고력을 키우는데 조력자로서의 역할을 해야 합니다.

자녀 곁에는 늘 훌륭한 선생님들이 있기를 바랍니다. 최상의 교육을 받기 위해 이 학원, 저 학원을 발품을 팔며 정보를 얻기도 하고 유명하다는 과외선생님의 대기번호를 소중히 간직하며 때를 기다리기도 합니다.

"책은 가장 조용하고 변함없는 벗이다.

책은 가장 쉽게 다가갈 수 있고 가장 현명한 상담자이자, 가장 인

내심 있는 교사이다"

라고 찰스 W. 엘리엇(Charles W. Eliot) 하버드대학교 학장이 말했습니다. 부모가 훌륭한 학원과 유능한 선생님을 찾는 것도 필요할 수 있지만 유아기부터 스스로가 책을 읽는 습관을 지니고 다양한 지식과 지혜를 얻으며 간접경험을 넘치도록 할 수 있다면 어떨까요? 아마 자녀 스스로 우수한 학원과 선생님을 선택할 수 있는 안목을 지니게 될 것입니다.

랄프 왈도 에머슨(Ralph Waldo Emerson), 미국의 사상가는 다음과 같이 말했습니다.

"가장 발전한 문명사회에서도 책은 최고의 기쁨을 준다. 독서의 기쁨을 아는 자는 재난에 맞설 방편을 얻은 것이다."

오랜 세월 교육에 몸담아 오면서 가장 노력했던 것 중에 하나는 바로 아이들에게 위기 대처능력을 지니도록 하는 것입니다. 수많은 위기속에서 어떻게 학생들이 슬기롭게 대처하고 배우며 자존감을 높일 수 있을까를 고민했습니다. 교육자나 부모들은 아이들이 독서의 기쁨을 알게 해주고 삶의 지혜를 스스로 지니도록 애써야 합니다.

자녀가 시간이 날 때마다 책과 가까이하면 자녀의 꿈과도 가까워질 수 있습니다. 부모의 '어떤 직업을 가진 아이로 성장시킬까?'의 고민은 '어떻게 아이가 스스로 생각하고 배우고 경험하며 난관을 극복하고 행복하게 성장할 것인가?'로 바뀌어야 합니다. 아이가 고민하고 선택한 직업이 스스로 하고 싶었던 일이었을 때 더 잘 하고 행복해 질 수 있기 때문입니다. 이 같이 깊이 있고 폭넓은 영어독서는 훌륭한 교사를 옆에 두고 책이 주는 기쁨을 누리며 미래의 꿈을 준비할 수 있도록 돕기 때문에 부모들에게는 필수불가결한 교육방법입니다.

2

영어독서가
답인 이유 8가지

영어 독서교육은 유아기부터 10년간의 장기적인 성장을 추구합니다. 단시간에 완성될 수 없으며 완성된 듯 보여도 분명히 어딘가 빈 부분이 드러나기 마련입니다. 자녀가 부모의 품을 떠나서 스스로 독서의 세계에 접어드는 시기가 반드시 찾아오므로 그 전까지는 지속적으로 인내심을 가지고 진행해야 합니다. 다음의 영어독서가 필요한 8가지 이유를 숙지하고 앞으로 발생할 다양한 어려움들도 현명하게 이겨내시길 바랍니다.

첫째, 영어독서는 세계를 볼 수 있는 문입니다.

'글로벌화'되기 위해서 세계의 모든 역사, 지식과 정보들은 뉴스나 신문을 보면 알 수 있을까요? 여행으로 알 수 있나요? 여러

나라의 친구를 사귀어 보면 알 수 있을까요? 이와 같은 방법으로는 쉽지 않을 것입니다. 다양한 분야의 원서독서를 꾸준히 함으로써 세계인들의 문화, 사회, 역사, 정치, 경제, 외교 등을 간접적으로 경험하게 되면 서서히 세계를 자신의 방법으로 들여다 볼 수 있게 됩니다. 단순히 영어권뿐만 아니라 다양한 언어권의 사람들과도 영어능력을 활용하여 더 많은 발전적인 협업관계를 가질 수 있습니다. 처음에는 영어를 활용하여 세계인들과 소통하지만 필요에 따라 다양한 언어를 습득하여 더 방대한 분야에서 깊이 있는 유대관계를 가질 수도 있을 것입니다. 세계를 무대로 나아가기 위해서는 다양한 나라의 문화를 느끼고 사람들을 만나기 위해서 더욱 많은 문들을 두드려 보고 경험해봐야 합니다. 영어독서는 바로 세계를 볼 수 있는 문입니다.

영어독서를 꾸준히 한다면 골방에 앉아서 책을 보더라도 독일 나치시대에 다락방에 숨어서 떨고 있을 수도 있고, 미국의 시골 마을에서 부엉이를 보호하는 환경운동을 주도하기도 하며, 캐나다 북서부의 밀림에 떨어져서 도끼 하나 만으로 살아남기 위해 고군분투할 수도 있습니다. 또한, 15세가 되었기 때문에 18세기 영국의 공작 별장 무도회에 참석해서 결혼 할 상대를 고르는 흥분된 상상을 할 수도 있으며 알래스카에서 에스키모인 들과 함께 그들의 전통을 지키는 노력을 하고 있을 수도 있습니다.

둘째, 영어활용능력은 이미 영어독서습관에 녹아 들어있습니다.

언어를 배우기에 가장 좋은 방법이 독서(Reading)이기 때문입니다. 지속적인 영어독서는 언어와 문화를 함께 경험하기 때문에 더 이상 공부가 아니며 모국어를 배울 때처럼 자연스럽게 체득되는 것입니다. 일상적인 표현이나 단어, 다양한 작가의 문체를 접하고 이를 활용할 수 있는 상황을 정확히 인식할 수 있기 때문에 실전에 강한 영어활용능력을 소지할 수 있습니다.

영어활용능력 중에는 일상 언어능력만을 원하는가, 고도화된 지적 교류와 전문가적인 언어역량(Academic Language)을 필요로 하는가로 나누어집니다. 전문가적인 언어역량(Academic Language)의 경우가 바로 진정한 영어활용능력이라고 할 수 있습니다. 이와 같은 능력은 충분한 영어독서로 다양한 배경지식과 어휘력, 논리적인 사고력까지 갖추어야 합니다. 지금 시대에 요구되는 전문가적인 영어활용능력을 장착하기 위해서는 영어독서습관을 지니는 것이 필요합니다.

셋째, 영어독서는 그 자체로 인문학, 사회학을 배우는 기회입니다.

　'영어는 학과목이 아니라 우리가 사용할 도구다.'라고 생각합니다. 자녀가 알아야 할 인문, 사회, 과학 등의 분야는 어떻게 접할 수 있을까요? 그리고 그 방대한 분야를 어떻게 체계적으로 교육시킬 수 있을까요? 영어원서독서는 체감하지 못할 정도로 어느 순간 다양한 분야에 대해 이해할 수 있고 켜켜이 의식 속에 자리를 잡게 합니다. 다양한 분야의 영어원서를 읽다 보면 아이도 해당 분야에 대해 영어로 생각하기 시작합니다. 이는 훗날 심화된 전문 분야를 공부할 수 있는 기회의 발판이 됩니다.

넷째, '독서'라는 즐거운 취미가 고맙게도 아이의 미래에 무기가 됩니다.

즐겁게 하면 완성도도 높고 완성도가 높으면 만족감도 상승하기 마련입니다. 한껏 즐겼던 나의 취미가 반드시 갖추어야 할 능력 중 하나라면 이 얼마나 기쁜 일인가요? 독서는 필요해서 시작했더라도 그 쾌락으로 절대 책을 손에서 내려놓을 수 없는 법입니다. 책을 다 읽어 갈 때 즈음에는 하이에나가 먹이를 찾듯 다른 더 유익한 책을 찾게 됩니다. 고맙게도 다음에 읽을 책이 미리 정해지면 설레기까지 합니다. 이 습관은 죽을 때까지 반복될 것이며, 영어능력과 문해력은 그렇게 조용히 자녀의 무기가 되어 갑니다.

다섯째, 영어독서를 재미있게 할 수 있는 책은 얼마든지 있습니다.

고맙게도 책이란 오랜 과거부터 지금까지 끊임없이 사라지지 않고 존재하며 지금 이 순간에도 우수한 책들이 지속적으로 제작되고 있습니다. 그리고 엄청난 양의 고급 콘텐츠들은 앞으로도 꾸준히 생산되어 읽힐 것입니다.

흥미로운 책은 지금 당장이라도 인터넷 정보를 활용하여 쉽게 찾을 수 있고 나날이 서비스가 업그레이드되는 동네 도서관에서 대출받아 읽을 수도 있습니다. 돈도 안 들고 참 쉽습니다. 우수한 책은 유명하기 마련이고 구하기도 그리 어렵지 않습니다. 새 종이책을 구매해도 되지만 중고 책과 전자책을 활용해도 됩니다.

학부모님들과 상담을 하다보면 "우리 아이가 영어책 읽는 것을 싫어해요."라고 하는 경우가 있는데 부모님들이 자녀가 흥미를 느낄 수 있는 책을 얼마나 열심히 구해서 보여주고 관심을 갖도록 노력했는지 궁금해 질 때가 있습니다. 그 수많은 Best 원서들 중에 우리 아이가 만족할 만한 책이 없을까요? 아마 있을 겁니다.

영어독서교육을 시작하신다면 아이가 좋아할 만한 책을 찾는 일은 꾸준히 해야 한다고 생각하시고 부모님들의 어려움을 덜어드리고자 이 책을 집필했으니 Part 6의 Best of the Best 영어원서 List를 적극 활용하시면 됩니다.

여섯째, 한번 영어독서의 매력에 빠지면 헤어 나올 수 없습니다.

책을 읽는 사람들은 왜 끊임없이 읽을까요? 읽을 책이 옆에 없으면 불안하고 좋은 책을 발견하면 보물을 얻은 듯이 기뻐합니다. 옛날이야기를 하나 해드리겠습니다. 한 정승이 임금에게 하사받은 하나 밖에 없는 귀중한 책을 죽마고우가 빌려 달라고 해서 하는 수 없이 빌려주었는데 돌려줄 생각이 없는지 가지고 오지 않자, 직접 친구의 집에 찾아갔습니다.

그런데 놀랍게도 그 친구는 그 귀한 책을 모두 낱장으로 뜯어서 벽과 천장에 붙여 놓고 앉아있을 때뿐만 아니라 누워서도 천장을 보며 독서를 하고 있더랍니다. 물론 황당하고 섭섭했지만 '책욕심'은 나무랄 수 없다고 생각해서 그냥 돌아왔다는 이야기입니다. 이렇듯 책은 끌어당기는 엄청난 힘이 있습니다. '책 도둑은 나무라지 말라'라는 말이 있을 정도로 좋은 책을 구하고 읽고 싶은 마음은 끝도 없이 자라게 됩니다. 이렇게 자리 잡은 영어독서습관은 지속성이 보장되기 때문에 우리 자녀의 교육은 성공할 확률이 높습니다.

일곱째, 성공한 리더들이 그렇듯, 영어독서는 미래를 설계하도록 돕습니다.

방대한 독서로 세상을 미리 들여다 본 이들은 남다른 사고력, 논리력, 그리고 판단력과 통찰력을 지니고 있습니다. 독서는 올바르고 긍정적인 공부습관을 갖는데 도움이 됩니다. 배움의 기쁨을 모른 채 열심히 공부만 하는 아이에게는 한계가 찾아오기 마련이지만 독서로 다듬어진 공부습관은 인생과 미래에 대한 긍정적인 마인드가 싹트며 즐겁게 자기 주도적으로 공부할 수 있도록 합니다.

성공한 리더들은 아이비대학을 다녔기 때문에 성공한 것이 아니고 방대한 독서로 형성된 공부습관이 성공의 원동력이었다고 말합니다. 저는 학생들에게 꼭 리더가 되어야 한다는 말을 하지 않습니다. 리더로서 행복할 수 있으면 리더가 되고, 리더가 아니더라도 특정 분야에서 즐기면서 일할 수 있으면 그것을 하도록 강조합니다. 저는 항상 학생들이 무엇을 해야 행복해 질 수 있는지에 집중하고 있습니다. 아이들이 스스로 좋아하는 것이 무엇이고 어떤 일을 하고 싶은지 모르는 경우가 얼마나 많은지 아시나요? 중등부 동기부여설명회를 할 때 꿈은커녕, 내가 무엇을 해야 행복한지도 모르는 아이들이 태반입니다. '왜 우리 사랑스러운 아이들은 이런 상황에 있을까?'하는 생각이 들면서 그런 날은 한없이 속상하고 우울해서 일을 못할 지경입니다. 자기소개서를 작성하고 입학사정관 면접 준비를 할 때 학생 본인도 모르는 학생의 강점과 특징들을 끌어내는 작업은 보통 힘든 것이 아닙니다. 그러나 영어독서를 많이 했던 학생들은 이 작업이 훨씬 수월합니다. 미래 설계를 다양하게 할 수 있고 사고가 유연하여 수정도 용이합니다.

여덟째, 자존감과 행복감이 상승합니다.

　　많은 양의 간접경험을 책을 통해서 얻게 되면서 유연한 사고를 지니게 되고 가슴속에 가지가 많은 튼튼한 큰 나무가 심어져 있는 것처럼 가벼운 일에 쉬이 흔들리지 않는 안정된 감정 상태를 유지하게 됩니다. 독서로 인해 얻은 감동과 영감으로 스스로 성숙된 사고와 가치를 지니게 되면서 자존감 또한 상승하게 됩니다. 아마 독자 분들도 경험을 하셨을 텐데요. 독서를 많이 한 아이들은 얼굴이 밝고 많이 웃으며 자신감이 충만한 것을 보셨을 거예요. 왜, 그런 아이들 있잖아요? 미소를 보이며 90도로 인사를 하지만 눈에서는 레이저(명석함을 의미)를 쏘는 아이들. 뉘 집 아이인고? 하면서 궁금해지는 아이들 말입니다. 이와 같은 아이들은 이미 유아, 청소년기에 가장 중요한 영어독서습관이 형성되어 있고 이로 인해 학업성취도가 높아졌기 때문에 스스로 내적동기가 상승하여 집중력 또한 향상되는 선순환을 보이게 됩니다. 이와 같은 선순환은 자녀의 자존감을 상승시키고 행복지수도 높입니다.

3

영어독서가
미래인재의 필수 조건인
'창의력'함양을 돕는 이유

　　기계와 협업해야 하는 미래 사회의 내 아이의 경쟁력은 부모에게 달려있습니다. 4차 산업혁명은 준비된 사람에게는 기회지만, 그렇지 못한 사람에게는 위기가 될 수 있습니다. 인공지능과 로봇, 그리고 빅데이터 등을 활용한 다양한 시스템의 변화 속도는 이전의 변화 속도와 비교가 불가할 정도로 빠르다는 것을 실감합니다. 이것은 한국 부모들도 교육에 대한 생각을 근본적으로 변화시켜야 함을 의미합니다. 미래 사회에 우리 아이들을 경쟁력을 갖춘 인재로 성장시키는데 목적을 두고 집중해야 합니다. 대학의 이름보다는 자녀에게 적합한 학과를 찾고 국내가 아닌 전 세계를 무대로 하며, 현재 눈앞에 보이는 단기적인 상황들보다는 미래의 경쟁력과 기회에 집중해야 합니다. 다양한 국가의 세계인들과 협업할 수 있는 우수한 인성과 풍부한 감성을 함양하고 유행하는 교육의 트렌드만 쫓을 것이 아니라 지속적인 관심을 통해 자녀에게 꼭 필요한 정보를 제공할 수 있어야 하겠죠. 우리 아이가 성장해서 활약할 미래 사회에 필요한 창의성, 어떻게 키울 수 있을 까요? 영어독서로 얻게 되는 사고력, 논리력, 문제해결력, 그리고 공감능력을 바탕으로 한 통합적인 세계관을 지니게 되면 미래 인재의 필수 조건인 창의력을 함양할 수 있습니다.

 영어독서를 하면 다음과 같은 태도와 사고를 가지게 됩니다.

질문이 많아 진다
논리적으로 접근하려 한다
간접 경험을 활용한다
통합적인 사고를 할 수 있다
유연한 사고를 한다
협업능력을 가진다
의사소통능력이 향상된다
스트레스 저항력이 생긴다

4

모국어의 중요성
& 한글책 다독의 필요성

　다양한 언어 자극과 정서적 기쁨을 경험하면서 책에 맛을 들인 아이들은 자신감을 가지고 학교생활에 적응하고 배움을 즐길 수 있습니다. 모국어능력이 뛰어난 아이들은 상대적으로 학습능력이 우수하고 영어학습속도가 빠르다는 것은 여러 연구를 통해 알려져 있습니다. 모국어의 읽기능력이 저조하면 학습부진으로 이어지며 학업 성적부진은 타 언어를 습득하는데 상당한 장애를 가져오게 됩니다.

영어원서독서를 하면서 한글책도 함께 1:1 비율로 읽도록 하는 것이 좋습니다. 모국어의 문해력이 뛰어나야 영어 문해력도 우수해지며 모국어로 글을 잘 쓸 수 있다면 영어로도 글을 멋지게 써낼 수 있습니다. 또한, 한글책을 충분히 읽으면서 생각을 다듬는 훈련을 해야만 영어원서독서로도 사고력, 창의력을 키우며 통합적인 사고를 할 수 있기 때문에 한글책 독서는 영어독서와 함께 이루어져야 합니다.

영어권 귀국학생들 중에 영어는 우수하지만 모국어능력이 저조한 아이들은 부족한 실력을 따라잡기 위해 국어학습을 처음부터 시작해야 하기 때문에 그 부담감 또한 무시할 수 없습니다. 이 아이들의 경우는 국어학습능력을 따라 잡기 위해 쉬운 한글 책부터 읽기 시작하거나 개인과외로 추가학습을 하기도 합니다.

캘리포니아대학교 샌디에고 캠퍼스 언어학과 레이첼 메이베리(Rachel Mayberry)교수의 연구는 영어를 배우는데 모국어의 습득 타이밍이 가장 중요한 언어적 변수였다는 것을 밝혔습니다. 모국어를 일찍 습득한 아이들은 영어를 더 정확하고 빠르게 배운다는 것입니다. 탄탄한 모국어 실력이 영어를 배우기 위한 튼튼한 발판이 되는 것입니다. 모국어에 빨리 익숙해질수록 그 문법구조에 따른 논리력이나 수리능력도 함께 개발되기 때문이라고 합니다.

한글책 다독은 배경지식이 쌓이면서 언어에 대한 이해가 훨씬 빨라지고 언어로 표현해 낼 수 있는 능력이 향상됩니다. 만약 모국어로 된 책을 읽고 특정 배경지식에 대한 추가적인 정보를 얻고 싶다면 해당 분야의 영어원서를 접하며 더 관심을 가지고 집중적으로 학습할 수 있습니다. 반대로 영어원서로 읽고 난 후에 추가적인 정보를 얻고 싶을 때는 한글책을 찾아서 읽는 등 상호보완적으로 한글책과 영어원서를 병행하여 읽을 수도 있습니다.

한 초등학교 6학년 학생의 사례를 말씀드리자면 영어학습지만을 활용하여 가정에서 6개월 공부한 것이 전부였던 아이가 입학테스트를 받았는데요. 영어실력이 중상 급이었습니다. 그 아이를 당시 학원에 다니도록 소개했던 한 지인이 영어교육경험이 적은 친구가 본인의 아이보다 레벨이 3단계나 높다라며 속상해 하셨는데요. 신규 학부모를 상담을 하면서 한글책 독서량이 어느 정도인지 물어보니 그 아이의 한글책 독서량이 또래 친구들에 비해 뛰어나게 많다는 것을 알 수 있었습니다. 그 지역의 학부모들 사이에서도 그 아이의 한글 독서 실력은 이미 정평이 나 있을 정도였습니다. 비록 영어학습의 시작 시기는 늦었어도 한글책을 많이 읽은 덕에 스펀지처럼 영어를 빨아들이며 실력도 일취월장하게 된 것입니다.

Part 2

나는
영어독서교육을
할 수 있는 부모인가?

1

'제가 영어를

못하는데 가능한가요?'

부모의 영어 실력은 크게 상관없습니다. 부모가 영어를 잘 하는 경우도 자녀는 부모에게서 영어를 배우고 싶어 하지 않는 경우가 많습니다. 부모의 영어 실력이 뛰어날 경우 자녀의 잘못된 부분을 자주 지적하게 되는 상황은 되레 도움이 되지 않을 수 있습니다. 영어를 잘 해도 부모의 우수한 영어 실력보다는 어떻게 자녀를 격려하고 관찰하고 지속적으로 이끌 수 있는 지가 더 중요합니다. 저 또한 어머니가 영어선생님이지만 영어공부는 스스로 했습니다. 자녀는 부모와 영어 학습을 하고 싶은 것이 아니고 부모의 사랑을 받고 싶어 합니다. 부모는 선생님이 아니고 그냥 부모이기 때문입니다.

● 영어독서교육이 가능여부 Test

아래 15개 질문에 대한 '예'의 답변이 10개 이상이면 성공적인 영어독서교육을 하실 수 있습니다.

1. 영어책 읽기의 중요성을 안다

　　　　예　　■　　　　아니오　■

2. 자녀가 고급 영어실력을 갖도록 최선을 다할 것이다

　　　　예　　■　　　　아니오　■

3. 도서관을 활용하지만 중요 필독서들은 구매해 줄 수 있는 경제적 여유가 있는가?

예　■　　　아니오　■

4. 자녀의 영어독서 습관을 위해 주 중 매일 1시간, 주말 3시간을 할애할 수 있는가?

예　■　　　아니오　■

5. 주기적으로 도서관이나 서점에 방문하여 자녀가 책을 읽도록 도와줄 수 있는가?

예　■　　　아니오　■

6. 자녀에게 매일 필요한 영어 동영상이나 CD를 틀어 줄 수 있는가?

예　■　　　아니오　■

7. 자녀 앞에서 주 3회 1시간씩 책 읽는 모습을 보여 줄 수 있는가?

예　■　　　아니오　■

8. 자녀가 읽은 책에 대해서 이야기를 할 때 긍정적인 자세로 들어 줄 수 있는가?

예　■　　　아니오　■

9. 자녀의 영어독서의 속도에 무리하게 욕심을 내지 않을 수 있는가?

예　■　　　　아니오　■

10. 자녀가 좋아하는 영어 그림책을 5번 이상 읽어 줄 수 있는가?

예　■　　　　아니오　■

11. 자녀가 선택한 책이 수준이 낮고 반복적으로 읽으려고 해도 참고 격려해 줄 수 있는가?

예　■　　　　아니오　■

12. 자녀의 영어독서 습관이 형성될 수 있도록 3년간 위의 일들을 지속적으로 할 수 있는가?

예　■　　　　아니오　■

13. 자녀를 옆집의 영어 잘 하는 아이와 비교하지 않을 수 있는가?

예　■　　　　아니오　■

14. 유명하고 비싼 영어책을 사주었는데 자녀가 관심이 없어 해도 참을 수 있는가?

예　■　　　　아니오　■

15. 구체적인 칭찬으로 아이와 교감할 수 있는가?

예　■　　　　아니오　■

2

영어독서로 얻게 되는
이중언어능력,
그것의 진정한 의미

이중 언어능력은 단순한 의사소통의 수준이 아니라 외국어를 사용함에 있어 모국어처럼 논리력, 사고력, 표현력을 활용하여 문화, 인종, 성별을 이해하고 더욱 다양한 역량을 획득하는 것을 의미합니다. 자녀를 완벽한 이중 언어학습자로 성장시키게 되면 단일 언어 사용자에 비해 지능이 발달되고 학업 수행능력이 우수하며 유연한 사고를 한다는 결과가 있습니다. 최근 뇌영상 촬영을 바탕으로 한 두뇌 연구결과에 따르면, 이중 언어사용자의 뇌는 신경밀도가 높고, 두뇌활동이 활발하다는 사실이 밝혀졌습니다. 이중 언어 학습과정에서, 한 언어가 다른 언어의 처리과정에 지속적으로 영향을 주기 때문인데요. 이것은 곧, 논리력, 이해력, 집중력, 기억력, 그리고 문해력을 강화시킵니다. 다시 말해서 이중 언어능력자가 된다는 것은 단순히 한 언어를 더 습득한다는 의미가 아니고 다양한 영역의 지능을 높이고 바른 학습습관 형성에 중요한 역할을 한다는 것을 말합니다.

교육현장에서 다수의 영어권 원어민 강사들과 일을 하게 되는데 그 중에 이중 언어능력이 있는 원어민들의 경우는 영어만 구사하는 원어민에 비해 배경지식도 뛰어나고 더욱 논리적이며 성실한 태도를 가지고 있었습니다. 우리의 자녀가 이중 언어능력을 갖게 된다는 것은 그 만큼 뛰어난 지능과 올바른 학습태도 그리고 유연한 사고력을 지닐 수 있음을 의미합니다. 참으로 대단한 능력이지 않을 수 없습니다.

3

자녀의 인생을 결정하는 '홈메이드 습관'

듀크대학교의 연구에 의하면 우리가 매일 행하는 행동의 40%가 의사 결정의 결과가 아닌 습관에 의한 것이라고 합니다. 우리는 보통 성공한 사람들은 의지력과 인내심이 있어서 자신의 꿈을 실현했다고 생각합니다. 그러나 의지력과 인내심을 가능케 했던 근본적인 요인을 추적해 보면 그 근원에는 좋은 습관이 있다는 것을 알 수 있습니다.

공부를 잘 하는 아이들은 공통적으로 좋은 독서습관과 학습습관을 지니고 있었습니다. 습관은 어린 시절부터 형성된 규칙성과 자율성의 집합입니다. 평생 공부해야 하는 시대, 그만큼 습관의 중요성은 강조될 수밖에 없습니다. 우리 아이들의 몸 안에 자리 잡은 습관이 아이의 인생 전체와 연결된다는 사실을 기억할 필요가 있습니다. 그러므로 부모의 독서교육은 자녀의 인생을 결정하는 홈메이드 습관을 형성하기에 가장 필요한 것입니다. '독서 홈메이드 습관'을 만드는 방법은 첫째, 빨리 시작하여야 합니다. 부모에게 복종적이며 부모의 사랑을 독차지하고 싶어 하는 시기는 바람직한 독서습관을 형성시키기에 가장 좋은 조건이 되기 때문입니다. 둘째는 반복해야 하고 꾸준함이 있어야 합니다. 습관은 일정한 시간과 장소에서 행해졌던 행위를 몸으로 기억하는 것입니다. 꾸준하게 반복된 습관은 규칙성으로 인식되어 지속하도록 돕습니다. 셋째는 즐거운 시간으로 기억되어야 합니다. 독서를 반복을 하더라고 아이가 즐길 수 있다면 지루해 하지 않죠. 이 세 가지를 기억하시고 자녀의 인생을 결정하는 독서 홈메이드 습관을 만들어 주시기 바랍니다.

4

영어 독서교육을
하고 싶지만 머뭇거리는
부모들의 걱정들

시간이 없다

정말 시간이 없을까요? 아이의 스케줄과 부모의 스케줄을 분 단위로 쪼개서 분석해 보세요. 직장맘의 경우는 오전에 30분에서 1시간 정도를, 퇴근에서는 집안일을 최대한 간소화하여 잠을 재우기 전까지 2시간을 확보하시면 충분합니다. 물론 좋아하는 TV 연속극이나 예능 프로그램 시청은 포기하는 것이 좋습니다.

아이들에게는 계획을 세워서 시간 활용을 잘 하도록 늘 교육하지만 정작 부모는 개인의 시간을 철저히 분석하여 필요한 시간을 만들려고 노력하고 계신가요? 많지 않으리라 생각됩니다.

　자녀에게 집중적으로 교육시킬 시간은 5세에서 초등학교 4학년 정도까지 입니다. 그 사이에는 당연히 슬럼프도 2~3번 올 것이고 이를 극복하는 기간을　빼면 실제로 함께 영어독서를 할 수 있는 기간은 5년 정도입니다. 다시 돌아오지 않을 그 5년을 위해 '시간은 사용하는 것이 아니고 시간을 만들어 낸다.'는 생각으로 임했으면 합니다. 부모표 영어독서든, 직장맘 영어독서든, 또는 사교육을 받고 있더라도 어떤 시간을 유용할 수 있는지 찾아서 영어독서를 시작하세요. 시간이 지나면서 새롭고 효율적인 시간표가 자연스럽게 만들어지게 될 것입니다.

복잡할 것 같고 방법을 모르겠다

　영어독서교육은 교육선진국으로 알려져 있는 많은 비영어권국가에서 이미 진행되고 있습니다. 영미권 또한 같은 방법으로 영어책을 읽히며 문해력을 높이고 있습니다. 저는 가족들과 함께 호주에 살았던 경험이 있습니다. 제 공부를 하면서 8살 조카가 학교생활을 잘 할 수 있도록 언니와 함께 돌아가며 조카의 공부를 도와주었습니다. 영어권 국가도 단어 1~2개 있는 픽쳐북을 학교 도서관에서 6권 씩 빌리도록 하여 부모와 함께 3번 씩 읽어오는 것이 과제였습니다. 영어독서교육을 초등학교 1학년부터 긴밀하게 가정과 연계하여 진행하고 있었습니다. 별것 없지요? 이렇게 시작하시면 됩니다.

　차분히 단계별로 하나씩 독서교육을 진행하다 보면 어느새 안정화되고 다음 단계로 가기 위해 어떻게 해야 할지 답을 찾을 수 있을 겁니다. 실행이 없으면 아무 일도 일어나지 않은 채 마음만 복잡해집니다. 일단 작은 것부터 시작하고 긍정적인 마인드로 '어!, 이 방법이 별로네. 다른 방법으로 해볼까?' 이렇게 단순하게 생각하세요. 닥치지도 않을 일에 미리 고민할 필요가 없습니다.

제가 울며불며 읽었던 R.J.Palacio의 감동적인 책 'Wonder'의 한 구절이 있습니다. 10세인 주인공 소년 August가 한 말인데요.

Funny how sometimes you worry a lot about something and
it turns out to be nothing.

(웃기게도, 우리는 가끔 무언가에 대해 많이 걱정하지만, 결국 아무것도 아닌 것으로 판명되지.)

시작만 하면 이미 중요한 것은 조금씩 진행되고 있는 겁니다.

부모가 영어실력이 없다

● 가장 많이 하는 오해 4가지!

1. 단어를 많이 알아야 영어책을 읽을 수 있다고 생각한다

2. 부모도 영어책을 읽은 경험이 많지 않아서 어떻게 접근해야 할지 모르겠다

3. 문법을 통달해야 영어책의 내용을 이해한다고 여긴다

4. 부모가 영어 원어민 발음수준을 구사해야 책을 읽어 줄 수 있다

단어실력, 영어독서경험, 문법실력, 그리고 원어민 수준의 발음, 이 4가지 모두 갖추어야 할 필요는 없습니다. 부모가 영어를 잘 하는 경우도 있지만 영어독서능력이 뛰어난 아이들의 대부분의 부모는 영어실력이 높지 않았습니다. 장기간의 영어독서교육으로 성장한 학생들의 부모를 상담할 때면 대부분 '제가 할 수 있는 게 좋은 책을 선정해 주고 칭찬하는 것 정도 밖에 없어요.' 라고 말합니다. 엄마가 내세울 영어실력이 없다며 겸손한 자세를 보이지만 사실 중요한 것은 다했던 것입니다.

'개천에서 용난다.'는 속담이 사라지고 있다지만 저는 지금도, 앞으로도 '개천에서도 용이 날 수 있다'라는 것을 보여주고 싶습니다. 부모가 뛰어난 학식과 외국어 능력을 가지고 있으며 경제적 능력도 우수한 가정에서만 미래의 훌륭한 인재가 나온다는 것은 정말 슬픈 일입니다.

2018년에 발간된 미셸 오바마(Michelle Obama)의 'Becoming'이라는 책에 보면 프린스턴대학교를 거쳐 하버드대학교 법과대학원 법학 박사가 된 미셸의 학력과 정반대로 어머니, 아버지는 고학력의 미국사회의 상위계급과는 상당히 거리가 멀다는 것을 알 수 있습니다. 미셸은 평범한 흑인들이 대다수를 이루는 시카고 한 마을의 시설 관리인인 아버지와 가정주부였던 어머니 사이에서 태어났습니다. 미셸은 이 책에 어머니의 모습을 다음과 같이 묘사하고 있습니다. '나와 오빠를 어른처럼 대해 주었고 차분히 나의 수다를 들어주던 어머니' 라고 말입니다. 부모의 능력이 학문적으로나 경제적으로 뛰어나지 않더라도 아이를 존중하는 태도와 경청하는 자세는 교육적으로 가장 중요한 요소임을 상기하도록 하는 대목입니다.

영어발음, 한국에서는 무척 중요하지요. 이 책에 영어발음에 관한 이야기가 있어서 하나 더 말씀드릴게요.

미셸이 흑인 여자 친구들과 동네에서 놀고 있을 때 갑자기 한 여자아이가 미셸에게 "너는 왜 백인들의 영어발음으로 말을 하는 거야?"하며 불만을 토로해서 미셸이 당황하는 장면이 있습니다.

사실 미셸은 흑인의 발음보다는 미국의 보편적인 영어발음을 구사하려고 부단히 노력했습니다. 어린 소녀도 이렇듯 필요성을 느끼면 발음은 꾸준한 연습으로 교정될 수 있습니다. 약자 층에 희망을 입증한 대표적인 인물이 된 미셸 오바마를 보면서 우리 아이들도 필요한 공부와 단련을 스스로 하도록 독려해주면 원하는 방향으로 발전할 수 있을 것입니다.

영어의 발음은 다소 좋지 않더라도 유창하게 말하는 것은 가능합니다. 대부분 발음이 좋아야 유창하게 영어를 구사한다고 생각하지만 발음과 유창성은 상당히 다른 개념입니다. 모국어의 영향으로 영어권 원어민처럼 발음하기는 쉽지 않더라도 필요한 말과 본인의 생각을 정확히 말할 수 있다면 유창성은 좋은 것입니다. 아랍권, 유럽권, 동남아권 사람들이 영어발음을 그들식으로 하는 것을 많이 보셨을 거예요. 실제 대화를 나누는 것을 보면 무리 없이 자연스럽게 소통합니다. 이와 같이 영어원어민 발음에 너무 연연할 필요는 없습니다.

부모의 발음이 다소 원어민과 다르더라도 CD원음과 비교해서 다른 점을 아이와 함께 찾아내며 가볍게 넘기는 센스를 발휘할 수 있습니다. 그리고 꾸준히 영어원서를 읽어주다 보면 부모의 영어실력도 발음, 속도, 억양, 끊어 읽기가 향상되면서 유창하게 말하는

날이 올 것입니다. 소리 내서 읽는 것(음독)은 언어 습득에 도움이
되며 1~2년 동안을 우수한 책을 읽어주는데 실력이 늘지 않을 수
없습니다. 영어 독서교육을 하면 아이도 부모도 함께 성장하게 되
며, 그리고 후에 아이가 장성하면 영어를 못하는 부모를 기억하는
것이 아니라 함께 읽었던 따뜻한 추억을 생각하며 흐뭇해 할 것입
니다.

어떤 책을 추천할지 모르겠다

책을 추천하려고만 하실 필요는 없습니다. 영어독서는 아이가
좋아하도록 만들어야 하기 때문에 자녀 주도적인 방법으로 책을
선정할 필요도 있습니다. 그래서 첫째는 아이가 좋아하는 책, 둘째
는 부모가 권하는 책, 셋째는 검증된 추천도서를 돌아가면서 읽도
록 시도해보세요. 이와 같은 방법은 균형적인 독서를 가능하게 해
줍니다.

부모가 필독서를 꾸준히 조사하고 찾아서 자녀에게 추천하는
노력은 영어 독서교육의 필수적인 요소입니다. 세계에서 가장 재미
있는 이야기를 최고의 삽화로 그려내고 유명한 성우가 맛깔나게
녹음해서 들려주는 책들을 찾아내는 것은 지금 시대에는 그리 어
려운 일이 아닙니다. 책 제목이 처음에는 외계어 같지만 이 책에
수록된 Best of Best원서들을 인터넷을 검색하며 조사를 하다 보
면 조금씩 눈에 들어오게 됩니다. 머지않아 수많은 원서들 중에서
도 자녀에게 맞는 우수한 책을 골라낼 수 있는 안목이 생기게 될
것입니다.

아이와 항상 싸워야 할 것 같다

부모님들과 교육 상담을 하다 보면 '아이와 싸우게 된다.'라며 어려움을 토로하시는데요. 부모와 자녀의 바람직한 관계 형성을 위해서는 상당한 양의 노력이 필요합니다. 영어독서교육을 시작하기 전에 따뜻한 애착관계를 만들고 시작해야 중간에 어려운 문제가 발생해도 가볍게 해결하고 다시 궤도에 오를 수 있습니다.

영어독서교육은 부모가 자녀와 함께 시작하는 재미있는 놀이 같은 느낌으로 시작하여 점차 독립적으로 독서를 하게 됩니다. 부모가 영어능력만을 강조하려는 생각에서 비롯된 교육이라면 편안한 관계 형성에 해가 될 수 있으므로 하지 않는 것이 좋습니다. 영어독서교육에 실패한 경우는 대부분 이 같은 교육 방식을 활용했기 때문일 수 있습니다.

순수한 보호자로서의 부모 역할이 중요하기 때문에 아이들이 어떻게 하면 즐거워할지를 고민하는 것이 더 중요합니다. 부모의 품에서 떠날 날이 금방 찾아옵니다. 그러므로 독서습관이 잡힐 수 있는 다양한 방법들로 자극을 준다고 생각하시고 자녀와 유대감을 형성해보세요.

아이가 원하는 것과 부모가 해줄 수 있는 것, 부모의 행동과 대화 방식을 자세히 되돌아보고 긍정적인 관계를 수립할 수 있도록 노력하시길 바랍니다.

영어독서를 하려면 언어감각이 있어야 잘 하는 것 아닌가요?

유아기의 영어독서는 글이 없는 그림으로 먼저 독서를 시작합니다. 그 다음에 단어가 하나씩 등장하며 영어문장을 만나게 됩니다. 영어독서의 시작은 '영어를 배우기 시작한다.'라기 보다 '그림으로 아이들이 독서를 시작한다.'는 것을 의미합니다. 영어픽쳐북을 즐겨봤던 아이는 즐거운 독서와 함께 영어를 받아들이기 때문에 지속적인 언어학습이 가능하고 활용능력이 향상됩니다. 그러니 언어감각이 있어야 영어독서를 하는 것은 아니고 영어독서를 시작 단계부터 차분히 진행하면 언어감각이 생길 수 있습니다.

아이가 언어 감각이 있는지, 없는지를 확신하기 전에 '후천적인 재능을 키우는 것은 부모의 역할이다'라고 여기고 최선을 다해 아이에게 지속적으로 흥미를 느끼는 책을 읽어주세요.

또한, 그림으로 시작해서 언어로 넘어가는 단계는 오랜 시간과 공을 들여야 하기 때문에 부모들은 영어독서는 '언어를 읽는다는 생각보다 독서를 즐긴다.'라는 긍정적인 생각을 지니는 것이 도움이 될 것입니다.

우리 아이는 언어감각이 없다고 생각하면서 삶의 큰 자양분이 될 영어 독서교육을 멀리하시지 않도록 당부 드립니다. 책을 꾸준히 읽었던 그 시간이 해결해 줄 것입니다.

배움의 속도가 느려서 걱정이다

자녀는 누구나 자신만의 속도를 가지고 성장합니다. 느린 것이 항상 덜 배우고 있다고 생각하지 않습니다. 천천히 보면서 더 많은 것을 느끼고 배우고 있을 수도 있습니다. 누군가와 성장속도를 비교하는 것이 어떤 분야에서는 중요할 수도 있지만 영어독서에서는 큰 의미가 없습니다. 또한 보기에는 느리지만 꾸준히만 한다면 뒷심을 발휘하는 대기만성 형일 가능성이 있으며 이들은 평생 학습할 수 있는 에너지를 지닐 수도 있습니다.

　도리스 컨스 굿윈((Doris Kearns Goodwin)저자의 링컨에 관련된 책 '혼돈의 시대 리더의 탄생'에 나와 있는 글을 소개해 보 겠습니다. 링컨의 한 친구가 링컨에게 "어떤 자국이 네 머리에 쉽 게 찍히고 지워지지 않는 것 같아. 네 머리는 그야말로 불가사의 야." 라고 말했을 때, 링컨은 그에게 잘못 알고 있는 것이라며 뛰 어난 기억력이 선천적 능력처럼 보이지만 실제로는 후천적으로 개 발한 능력이라고 주장했습니다. 링컨은 "나는 배우는 게 느리고, 배운 것을 잊는 것도 느린 사람이다. 내 머리는 강철 조각과 비슷 해서 그 위에 자국을 내기가 무척 어렵지만, 일단 생긴 자국을 지 워내기는 거의 불가능하다." 라고 말했습니다. 링컨이 모든 것을 기억에 새기는 고된 과정을 지켜본 그의 새 어머니도 "에이브러햄 은 마음에 와 닿는 구절을 보면, 종이가 없을 경우에는 종이를 구 할 때까지 판자에 그 구절을 써두고 외우고 또 외웠다."고 회상했 습니다. 이처럼 자녀가 꾸준한 노력을 하고 있다면 배움에 속도는 큰 문제가 되지 않을 것입니다.

5

부모들이

이것은

꼭 알아야 한다

자녀가 영어 영재가 되리라는 꿈은 도움이 되지 않습니다. 버리세요

영어 영재는 거의 없습니다. 내 자녀가 영어 영재가 될 수 있을 거라는 믿음은 버리는 것이 좋습니다. 가장 효율적인 방법으로 영어독서를 시작하도록 돕는 것에만 집중하세요. 영어 영재들이 주변에 있다는 표현을 듣지만 과연, 영어 영재능력이 어느 시기에, 어느 정도의 실력을 언제까지 유지해야 하는지, 또는 영어 인증시험에서 몇 점을, 몇 학년에 받아야 하는지와 같은 기준이 있는 것은 아닙니다. 또는 영어대회에서 입상을 하면, 해피포터 전권을 모두 읽어내면, 아니면 IBT 토플시험을 봐서 100점이 나오면 '영어영재'라고 말할 수 있을까요? 정확히 알 수는 없습니다. 이 중에 몇 개를 성취했다고 하더라도 특정 시기의 그 성과가 미래에 어떤 영향을 미칠지는 더욱 미지수입니다.

우리 아이가 꼭 영어영재가 되어야 하나요? 옆집 아이의 샬라~샬라 영어발음이 멋지면 내심 부러워하며 내 아이도 영어 영재이길 바랄 수 있지만 영어언어학자가 꿈이어도 유아, 청소년 시절에 영어 영재가 꼭 될 필요는 없습니다. 영어언어학자가 되는 것이 꿈이고 좋아하는 일이라면 언젠가는 이루어 낼 테니까요.

　단순히 그냥 '~ 정도라 하더라.' 라는 말들로 우리 아이와 비교하면서 영어독서교육을 하는 것은 도움이 되지 않습니다. 부모가 다양한 분야의 영어독서에 관심을 갖고 꾸준히 자녀의 독서역사를 만들어 간다는 생각으로 영어독서교육을 실천하면 언젠가는 이중언어가능자로서 성장하게 될 것입니다.

우리 아이의 경쟁력은 영어독서에 있고, 부모의 일관된 믿음과 지지가 해결책이다 '넌 할 수 있어', '엄마, 아빠가 도와줄게'

　생활의 일부가 된 독서는 다양한 현상을 바라보는 객관적인 시각과 자신만의 관점을 정립할 수 있습니다. 체계적인 영어독서를 통해 충분히 몰입할 수 있는 시간을 갖고 어휘력, 문해력, 표현력을 지니게 되려면 부모의 믿음과 끊임없는 지지가 바로 그 답입니다. 보통 중간에 실패하는 부모들은 다양한 외부의 자극으로 믿음이 변하는 경우나 스스로 지켜낼 의지가 부족하기 때문인 경우가 많습니다. 또 마음대로 잘 되지 않으면 '욱'하는 마음에 부모와 자녀의 관계가 나빠지게 되어 포기하는 사례도 종종 봅니다. 우리 아이의 미래 경쟁력은 유아기, 청소년기의 영어독서에 있으니 부모가 굳건한 믿음으로 자녀를 지지해주시길 바랍니다.

아이가 영어책이라고 싫어 할까봐 부모가 먼저 겁먹지 말자

아이에게는 '그냥 재미있는 책'일 수 있습니다. 부모의 힘들었던 영어 학습의 경험으로 비추어 보면서 지레 겁먹고 떨지 마세요. 장난감을 보고 즐기듯이 그냥 책을 만나도록 해준다고 생각하셨으면 합니다. 아이가 책의 내용을 정확히 이해해야 하는 것이 아니라 스스로 느끼고 자유롭게 상상하며, 세상의 많은 것들을 탐구하도록 기회를 주는 겁니다. 흥미가 떨어지는가 싶으면 그때 다양한 방법을 찾아서 해결하면 된다고 가볍게 생각하고 시작하세요.

부모의 강요 NO, 자유롭게 생각하는 아이로 성장시키자

영어독서는 자녀에게 자기만의 생각이 만들어지도록 돕는 활동입니다. 모든 아이들은 작가의 의도와 다르게 여러 방면으로 해석하고 받아들일 수 있으며 책을 읽는 과정에서 자신만의 가치관을 정립합니다. 부모가 책 읽기를 무리하게 강요하거나 특정한 책을 읽도록 요구하는 것은 좋지 않습니다. 자신만의 뚜렷한 관점을 지니고 제대로 표현하는 아이가 진정한 경쟁력을 지닐 수 있기 때문입니다. 아이가 무엇에 몰입하는지를 찾아서 더 깊이 그리고 다양하게 경험해 볼 수 있도록 이끌어주시고 자유롭게 생각하는 아이로 성장하도록 도와주세요.

이 모든 것의 시작은 부모의 솔선수범

바람직한 영어독서습관은 부모의 올바른 행동에서부터 시작됩니다. 부모의 독서습관은 스펀지처럼 자녀에게 물들일 수 있는 가장 좋은 방법입니다. 부모의 독서모습은 좋은 본보기가 되어 아이가 책 읽는 즐거움을 자연스럽게 인식하도록 할 수 있기 때문입니다. 한글 소설책이든, 쉬운 영어원서든 또는 전공서적이든 꾸준히 읽는 부모의 독서모습은 그대로 아이들의 뇌에 저장이 되고 잔상으로 남아서 자녀의 평생 독서습관을 형성하는데 도움이 됩니다. 부모의 독서습관은 아이 스스로 독서의 중요성과 재미를 깨닫도록 도와주는 것의 시작이며 아이의 좋은 독서 습관은 부모가 줄 수 있는 최고의 선물입니다.

상상력과 창의력을 키우는 열쇠, 질문

5세는 다양한 질문이 시작되는 시기입니다. 이 시기의 아이들은 천부적으로 상상력이 풍부합니다. 그러나 어른들은 엉뚱한 질문에 난감해 하며 피하기도 하고 정확하지 않은 답변을 주기도 합니다. 아이들은 호기심과 상상력을 이용해 시냅스를 여러 방법으로 조합시키면서 새로운 각도로 세상을 보기 때문에 두뇌가 성인처럼 경직되어 있지 않습니다. 아이의 엉뚱한 질문은 매우 긍정적인 신호이니 자녀가 두뇌능력을 제대로 발휘할 수 있도록 아이의 질문에 적극적으로 반응하고 정확한 답변을 위해 용어사전이나 백과사전을 활용하면 좋습니다.

칭찬은 아이를 독서광으로 만드는 촉매제, '과정을 구체적으로'

단순히 잘했다가 아니라 아이가 이러한 과정을 통해 특정한 결과를 얻을 수 있었다고 그 과정을 칭찬해 주는 것이 중요합니다. 자녀 본인이 몰랐던 장점을 찾아 칭찬하고 진정성 있게 다른 형제들이나 친구들 앞에서 칭찬을 해주면 효과가 배가가 됩니다. 부모가 중요시 했던 것이나 이전에 교육을 꾸준히 했었던 것에 대한 변화를 자녀가 스스로 보였을 때는 더욱 구체적으로 칭찬을 해주면 좋습니다. 되도록이면 스킨십을 하면서 칭찬을 하고 다양한 칭찬 멘트를 노트에 적어 두었다가 상황에 맞게 즉각 사용하는 것도 효율적인 방법입니다.

Part 3

본격적인
영어독서교육 GO!

연령 별 뇌 발달을 고려하면 영어독서 시작의 적기는 창의력
과 정서 발달에 중요한 전두엽과 우뇌가 발달하는 5~7세까지 입니
다. 5세~10세는 뇌 활동이 가장 왕성하기 때문에 수학, 과학, 예
술 등 주요 분야의 교육이 시작되어야 합니다. 10세 이후에는 다
양한 장르의 독서를 통해 자신의 이야기를 표현하는 Output이 성
장하는 시기로 이중 언어자로서의 기초를 다질 수 있습니다. 이미
4세에는 75%, 6세에는 90%, 10세에는 거의 두뇌 발달이 완성되
어 지적 발달의 기초가 마련된다는 학설이 유력하기 때문에 여기
에 맞추어 영어독서를 시작하는 것이 중요합니다. 유아기에는 사람
들과의 긍정적인 상호작용을 통해 두뇌가 발달하며, 정서 및 사회
성이 형성되기 때문에 무척 중요한 시기입니다. 또한, 건전한 정신
적 발달을 통해 충동 조절능력, 타인을 공감하는 능력, 건전한 자
아상, 창의력, 지적인 호기심 등이 발달되기도 합니다.

Perskly(1954), Lennerberg(1967),그리고 Krashen,Long(1979)
등의 학자들은 외국어의 습득 시기는 사춘기 이전인 Bilingual
Period, Critical Period시기인 6~11세에 시작하는 것이 가장 바
람직하다고 주장해 왔습니다. 이 학설은 일반인들 사이에서도 보편

적 사실로 받아들여지고 있습니다.

　개인적으로는 5세에는 영어독서교육을 시작해야 하며 부모가 원하면 3세~4세부터 자연스러운 노출은 괜찮다고 생각합니다. 영어독서 시작이 지연된 초등학교 3학년 전후라면 수준에 맞는 책으로 신속히 시작하기를 권유 드리며 책이 다소 유치하더라고 아이가 참을 정도라면 쉬운 책부터 빠르게 읽혀주세요. 픽쳐북은 언어의 기초부터 단계별로 제작되었기 때문에 도서관에서 훑듯이 읽는다면 놓친 독서량을 따라잡을 수 있습니다. 초등학교 3학년 전후의 아이는 7세나 초등학교 1학년 아이들에 비해 학습 능력이 뛰어나기 때문에 2배 빠르게 독서 단계를 진행해보세요. 조금씩 부족했던 부분이 채워질 겁니다. 또한 성장과정 중 유아기와 초등 저학년 아이들은 다른 성장시기보다 부모와의 관계를 가장 중요시 여기기 때문에 이 시기를 적극적으로 활용하시길 바랍니다.

2

부모가 영어책을
함께 읽는다는 것의 의미

　장기적인 영어독서교육을 할 때 가장 중요한 것 중에 하나는 아이와 긍정적인 관계를 형성하여 부모가 신뢰를 쌓는 것인데 어른은 아이의 세계를 잘 모를 수 있습니다. 그러나 아이에게 책을 읽어 줌으로써 아이의 시각과 관심사를 알아볼 수 있고 다양한 책의 내용으로 자녀의 상상력을 자극하는 흥미로운 대화를 나눌 수 있습니다. 부모가 아이와 함께 영어책을 읽게 되면 부모가 꼭 알아야 할 것에 대한 공부가 가능합니다. 또한 성장하는 자녀의 영어독서 실력만큼 부모도 다양한 영어 콘텐츠와 책을 만남으로써 책이 주는 교육적인 마인드를 가질 수 있고 아이와 함께 영어실력도 향상됩니다. 이것은 후에 아이가 비판적 사고와 창의적인 표현을 할 때 부모도 함께 책 주제에 대한 토론이 가능할 정도로 성장하게 되어 결국 자녀의 영어 학습 지지자로서 좀 더 긴 시간을 함께할 수 있습니다.

영어독서를 시작할 때 준비할 것 8가지

부모의 노트: 책 조사 내용 및 독서플랜등을 기입

아이의 낙서노트나 스케치북: 책의 이미지, 문장 구절, 느낀 점 등을 쓰고 그리기

Activity 자료정리 파일: 아이의 그림이나 글 등의 활동 자료를 모아두기

색연필, 크레파스, 스티커 등 그리거나 꾸밀 수 있는 것

CD플레이어: 아이가 혼자 활용할 수 있을 정도로 작동이 쉬운 것

DVD 플레이어: 고정된 것도 괜찮지만 휴대용도 유용함

책 속의 단어 정리 노트: 단어정리를 2~3개 정도 할 수 있는 노트

다양한 유튜브 영상을 볼 수 있는 장비: 컴퓨터, 스마트 TV 등
(휴대폰은 각종 알람 기능으로 인해 학습을 방해할 수 있어서 지양함)

3

습관의 형성을
도와주는 최고의 방법, 내적 보상

　찰스 두히그(Charles Duhigg)의 '습관의 힘'이라는 책에는 새로운 습관은 어떻게 탄생하는지 알려주고 있습니다. 책 속에 클로드 홉킨스(Claude C. Hopkins 1866~1932)는 욕망을 조장하고 확실한 신호와 보상을 활용하면 습관의 고리가 작동된다고 말했습니다. 이것을 독서습관 형성에 대입해 보면 우선 자녀가 독서를 좋아할 수 있는 기회를 제공하고 열정을 갖도록 합니다. 이때 부모는 명확한 신호를 주면서 내적, 외적 보상을 해주는 것이 습관의 고리를 만들 수 있다는 내용으로 정리할 수 있습니다.

내적 보상은 공부의 재미가 될 것이고 외적 보상은 칭찬과 그 외 물질적인 것을 의미합니다. 자녀의 독서습관을 들일 때 보상은 확실히 필요하지만 반드시 외적 보상일 필요는 없습니다. 습관을 만드는 가장 큰 보상은 '실력의 향상'입니다. 아이는 과거의 자신과 현재의 자신을 비교합니다. 부모는 구체적으로 향상된 실력의 정도를 아이에게 알려주며 성장된 모습을 지속적으로 보여주는 것이 필요합니다. 이 과정에서 자녀는 스스로 성장했다는 확신을 갖게 되고 단단한 습관의 고리를 만들어 갈 수 있습니다.

　저는 "교육은 꾸준함과 성취감(내적 보상-공부의 재미, 실력의 향상)이 있으면 성공한다."는 철학으로 다양한 '내적 보상'을 교육현장에서 활용했습니다. '보상'을 어떻게 하는 지가 교육에서 무척 중요하기 때문에 학기마다, 행사 때마다 고민을 할 수 밖에 없습니다. 20년 동안 기본 수업 내에서 또는, 캠퍼스 행사, 영어독서대회, 학교 영어발표대회 &글쓰기대회, 사내 전국 Speaking, Writing, 그리고 Debate대회 등을 활용하여 어떻게 학생들이 많은 도전을 해내고 스스로 내적 보상을 하게 하는지에 집중했습니다.

학생이 해낼 수 있다는 저의 진정한 믿음을 보여주었고 그 믿음은 학생으로 하여금 제 가르침을 바로 실천에 옮기도록 했습니다. 결국 학생 스스로 몰입하며 최선을 다했고 만족스러운 결과물을 끌어냈습니다. 여기서 그치는 것이 아니고 다음 단계가 더욱 중요한 데요. 학생이 스스로 노력해서 어느 정도 성장을 했고, 어떤 결과물을 만들어냈는지, 그리고 어느 부분을 보완해야 하는지 등의 Feedback 면담을 합니다. 이 면담이 내적 보상(공부의 재미, 실력의 향상)의 효과를 극대화할 수 있고 이것이 바로 클로드 홉킨스(Claude C. Hopkins 1866~1932)가 주장한 '확실한 신호와 보상'입니다.

4

영어원서는
꼭 사야하나?

모든 필독서들을 집에 구비해 놓을 필요는 없지만 일부 우수한 책과 시리즈는 구매하는 것을 권유합니다. 유아기에 토이북, 플랩북, 보드북 등의 그림책을 볼 때는 아이가 입에 책을 넣으려는 경향이 있어서 대여보다는 새 책을 구매하는 것이 건강 상 안전합니다. 수십, 수백만 원 가량의 책들을 한 번에 구비해 둘 필요는 없고 아이의 취향에 따라서 한두 권씩 구매하는 것을 추천 드립니다. 그 이유는 부모도 책에 대한 공부를 하면서 그때그때 아이와 의견을 나누고 마음에 들어 하는 책을 사는 것이 효과적이 때문입니다. 물론 세트로 사는 것은 가격 면에서 경제적이고 집 안을 책으로 장식하는데 는 도움이 되지만 아이들의 취향과 맞지 않아서 관심을 보이지 않을 수도 있습니다.

영어독서는 한 권의 책을 반복적으로 읽었을 때 독서 효과가 뛰어나기 때문에 소장하는 것도 좋습니다. 또한, 자녀가 성장하면서 본인의 독서 역사를 보면서 뿌듯함을 느낄 수 있도록 책장에 꽂아두는 것이 필요합니다.

보통은 새 책이나 중고 책을 구매하거나 도서관에서 대여하는 경우가 많은데요. 이 두 가지를 고루 활용하시길 권유 드립니다. 책을 구매해서 소장하는 것과 도서관의 대여서비스를 활용하는 것의 장점을 각각 정리했습니다.

● 집에 소장했을 때의 장점

1. 안정감 있게 아이의 읽기 속도대로 읽을 수 있다

2. 아이가 좋아하는 시리즈는 전 권을 읽을 수 있는 좋은 기회다

   (도서관의 시리즈는 일부만 볼 수 있음)

3. 반복 읽기가 가능하다

4. 아이가 좋아하는 책은 소장할 수 있고 아이의 독서 역사를 만들 수 있다

5. 항상 책을 가까이 할 수 있다

6. 집안을 독서 할 수 있는 분위기로 만들어 줄 수 있다

7. 도서관의 대여 및 반납 스트레스에서 벗어날 수 있다

(책 반납일이 다가오는데 아이가 책을 읽지 않으면 부모가 독서를 강요할 가능성이 있음)

● 도서관 이용 시의 장점

1. 아이가 도서관의 다양한 책을 보며 선호하는 책을 선택하게 해 줄 수 있다

2. 부모도 다양한 원서들의 정보를 얻을 수 있다

3. 고가의 책이면서 여러 번 볼 필요가 없는 책은 대여하여 읽을 수 있다

4. 주기적으로 도서관에 방문하여 책 읽는 분위기를 몸에 배도록 할 수 있다

5. 도서관의 다양한 독서 프로그램을 활용할 수 있다

6. 도서관에 없는 책은 구매를 요청하는 희망 자료 신청(5만 원 이하)을 하거나 상호대차를 통해서 해당 지역의 다른 도서관의 책도 빌려 볼 수 있다

7. CD와 DVD등 고가의 교육 자료들을 대여할 수 있다

8. 도서관의 환경에 자주 노출되면 아이의 정서 교육에 도움이 된다

도서관을 활용할 때는 영어원서를 되도록 많이 보유하고 있는 지역 도서관 2~3개 정도를 사전에 정해 두면 좋습니다. 도서관 활용 시 유의점을 알려드리자면, 저는 정확히 휴관일 에 맞춰가는 경험을 많이 한 1인이기 때문에 정말 늘 가는 날이 휴관일 인 것 같아 기운이 쏙 빠지기도 하는데요. 그래서 도서관 휴관일 을 6개월씩 게시판에 게시하는 경우가 많으니 사진을 찍어두시면 도움이 됩니다.

인터넷에 검색을 해보면 영어책 유료 대여서비스도 있지만 도서관을 활용하는 것은 비용이 들지 않고 도서관 2~3개 정도를 활용하면 웬만한 필독서는 모두 가지고 있습니다. 도서관을 방문하기 전에 대여하고 싶은 책의 리스트를 만들어 두고 해당 도서관 홈페이지에 들어가서 있는지 여부를 확인 후 방문하시면 쉽습니다. 빌리고자 하는 책이 다른 도서관에 있다면 지역 도서관 '상호대차' 서비스를 이용하세요. 무척 편리하고 이동 시간과 비용을 줄일 수 있습니다. '상호대차' 서비스는 지역에 따라 다를 수 있지만 보통 방문하려는 도서관으로 책을 가져다 달라는 신청을 1일 전(전날 12시까지 신청)에 하면 한 도서관만 방문하여 빌릴 도서들을 모두 대여 받을 수 있습니다. 도서관에 원하는 책이 없을 경우는 '희망자료신청' 서비스(5만 원 이하)가 있으므로 신청 후 심사를 거쳐 구비되면 이용할 수도 있습니다.

영어원서
구비비용을 줄이는 법

영어독서를 시작하는 초반에는 책과 음원이 세트로 판매가 되는 경우가 많으며 두꺼운 원서보다 가격이 2배가량 되기 때문에 책 구매 비용에 부담을 느낄 수 있습니다. 앞으로 10년 동안 이같이 소비를 해야 한다는 생각에 영어독서교육을 지속할 수 있을지 걱정이 앞실 수 있는데요. 그래서 영어원시 구매 비용을 줄이는 요령을 읽혀 둘 필요가 있습니다.

도서관 영어원서 100% 활용하기

아이와 함께 도서관에 가서 다양한 책들을 확인해보고 흥미를 가지는 책 위주로 빌려 보세요. 아이가 특히 관심을 가지는 책이 있기 마련이니 그때 구매를 해서 읽히는 것이 좋습니다. 다음의 상황은 어떻게 하면 좋을까요? 고가의 책이면서 아이는 흥미를 보이지 않으나 필독서라고 판단이 되는 경우, 구매할 필요 없이 무조건 도서관 책을 대여하여 읽히면 됩니다.

도서관의 CD음원 & DVD 100% 활용하기

도서관의 CD음원 &DVD는 되도록 모두 대여 받아서 아이에게 노출시켜 주세요. 아이의 호불호를 체크하고 교육적이라 판단이 되면 그때 소장용으로 구매하면 비용을 줄일 수 있습니다.

다양한 유통 업체의 가격 비교 후 시리즈로 구매

과거에는 영어원서 구매가 힘들고 비쌌지만 지금은 국내 유통업체와 중국 인쇄업체가 많아져서 쉽고

저렴한 가격에 구매할 수 있습니다. 유명한 시리즈는 정가보다 1/3 가격으로도 구매가 가능하니 인터넷에서 책의 구성과 가격을 비교 후 구매하시면 됩니다.

무료 유튜브(Youtube)음원 활용

책을 CD와 함께 구매하면 가격이 2배가 되므로 유튜브(Youtube)에 활용할 만한 음원이나 영상이 업로드 되어 있는지 먼저 확인하세요. 음원이나 영상이 있으면 책만 구입해서 비용을 반값으로 줄일 수 있습니다.

6

최적화된
독서 환경을 만들자

영어독서 초기에는 집중력을 가지고 차분히 독서를 해야 하기 때문에 조용한 공간을 마련하고 방해가 될 핸드폰, TV, 컴퓨터는 멀리하는 것이 좋습니다. 영어 영상을 보는 곳을 다른 곳으로 분리를 해서 자녀가 독서공간에 대한 분위기를 인식하도록 해줍니다. 영어독서 초기에 부모가 함께 책을 읽어주는 경우는 그 공간을 이용해서 독서습관이 잡히도록 하고 후에 집중력이 좋아진다면 다른 공간을 활용해도 무관합니다.

독서의 시작이 부드럽게 연결될 수 있도록 어떤 책을 읽을지 사전에 책을 선정하고 CD를 준비해 두면 좋습니다. CD가 준비가 되어 있지 않으면 부랴부랴 CD를 찾을 때 안타깝게도 이미 아이는 멀리 도망가 있을 수도 있습니다.

● 독서 환경을 만드는 요령

1. 얇은 그림책들은 바닥에 놓아두거나 책꽂이에 전면으로 꽂아서 호기심을 자극한다
2. 큰 바구니에 그림책을 전면이 보이도록 넣어 놓는다
3. 책을 자주 볼 수 있도록 아이가 자주 다니는 동선에 책을 배치한다
4. 아이가 좋아할 만한 독서 의자를 구비한다

5. 책 읽는 시간을 일정하게 유지한다
6. 독서의 습관이 형성되면 지루함을 방지하기 위해 집안의
   다양한 공간에서 읽을 수 있도록 격려한다

7

두근두근
첫 책 읽기 성공하는 법

　영어독서의 초기에 읽는 픽쳐북은 겉표지가 무척 중요합니
다. 책 읽기 전 '창의력'과 '상상력'을 키우는 최고의 방법은 겉표
지를 보면서 질문과 대화하기를 충분히 시도하는 것입니다. 실제
책의 스토리와 달라도 상관이 없습니다. 다양한 스토리에 대한 대
화는 읽기 효과를 더욱 높이게 됩니다. 아이에게 표지에 대한 깊이
있는 생각을 끌어냄으로써 아이는 책 내용에 더욱 몰입할 수 있기
때문입니다. 겉표지의 내용을 충분히 다루게 되면 무한한 아이의
상상력이 책에서 전달하려는 것보다 더 클 수도 있습니다.

　알파벳과 동물을 연관시켜서 읽는 한 픽쳐북은 불과 15페이지
도 안 되는 책이지만 실제 원어민 수업에서는 40분 분량의 수업을
만듭니다. Lesson Plan을 작성할 때 겉표지를 커버하는 시간은
그 중 10분 정도가 되어야 합니다. 이 시기의 독서는 단순히 책의
글자만 읽는 것이 아니라, 책의 모든 그림과 글자를 샅샅이 보고,
느끼고, 질문하고 대화하면서 재미있는 경험을 하는 것입니다. 다
음은 가정에서 활용할 수 있도록 픽쳐북 읽는 순서와 영어로 질문
하는 법을 알려드리겠습니다.

● 픽쳐북 읽어주기 나도 한다! 실천 비법

1단계 책 제목을 다양한 목소리 톤으로 바꾸어 여러 번 읽어준다

2단계 저자와 삽화가 이름을 읽어준다

3단계 앞 표지와 뒷 표지의 글자와 그림을 보면서 모두 읽어준다

4단계 표지의 그림 소재의 이름을 하나 씩 읽어준다

5단계 책의 본문에 나올 중요 단어의 그림을 손가락으로 포인트하며
       반복해서 읽어준다

6단계 본문을 읽어 줄 때는 손가락으로 그림이나 글자를 포인트하면서
       읽는다

7단계 해석해 주지 않는다

8단계 아이가 반복을 원할 경우는 여러 번 읽어주지만 반복을
       싫어하는 성향이라면 과감히 멈춘다

● 픽쳐북 읽어줄 때 영어 질문법 3단계

1단계   Yes / No 답변을 유도하는 Do / Does 질문

Do you see an apple? Yes. / No.

2단계   단순한 선택을 유도하는 Which one 선택형 질문

Which one do you like? An apple or A banana. An apple

3단계   구체적인 답변을 하도록 유도하는 Wh-question 질문

What color is this house?   It's red.

8

가정에서 성공하는
영어독서 지도법 핵심 15가지

　　독서가 생활의 일부가 되는 환경을 조성하는 것이 좋습니다. 등, 하교 시, 쇼핑 갈 때, 여행 갈 때 등 언제 어디서나 책을 지니고 시간이 날 때마다 책을 읽도록 해주는 겁니다. 책과 친해지는 계기가 되는 동시에 주변 사람들이 칭찬하는 등의 긍정적인 시선은 아이의 독서습관을 들이는데 큰 도움이 됩니다. 일정한 시간을 정하여 그 시간에는 영어독서를 해야 하는 것으로 인식시키고 독서습관이 몸에 배도록 해주세요. 같은 책을 반복적으로 읽어 달라고 할 수도 있습니다. 그럴 때는 힘들더라도 아이가 만족할 정도로 읽어주시면 독서에 대한 좋은 이미지를 가질 수 있고 지속적으로 영어독서에 흥미를 느낄 수 있습니다. 아이의 의견을 충분히 듣고 의견을 나누기 위해서는 부모 또한 컨디션이 좋아야 합니다. 피곤한 상태에서는 아이에게 짜증을 낼 수 있기 때문에 되도록 이면 부모의 컨디션도 체크하면서 독서 시간을 설정하세요. 영어책과 관련된 영어 동영상의 시청은 책을 읽은 후에 보도록 해주세요. 영상의 화려함 때문에 책에서 얻을 수 있는 감흥과 기쁨을 놓칠까 우려되기 때문입니다.

● 가정에서 성공하는 영어독서 지도법 핵심 15가지

1. 자녀가 원하는 책을 선정하도록 돕는다

2. 영어로 읽다가 도움이 될 설명은 한국어로 해도 된다
   (해석보다는 설명을 한국어로 필요시에 한다)

3. 읽어 줄 책에 대해 미리 점검한다
   (CD듣기나 익숙하지 않은 단어, 중요한 Story점검 등)

4. 일정한 시간을 정하고 알람을 설정한다

5. 부모의 밝고 활기찬 에너지가 중요하니 부모의 컨디션이
   좋은 시간을 선정한다

6. 자녀가 책 표지와 그림을 자세히 볼 수 있도록 충분한 시간을 준다

7. 책 관련 영어 동영상은 독서 후에 보도록 한다

8. 반복하여 읽어 주기를 원할 경우 힘들더라도 반복해서 읽어준다

9. 자녀가 책에 대한 느낌을 표현 할 때 긍정적인 자세로 듣고
   충분히 표현하도록 유도한다

10. 독후 활동이 효과적이라고 판단이 될 시에는 진행한다

11. 부모의 의견도 함께 나누며 교감한다

12. 추천해주고 싶은 책이나 자녀의 실력에 맞는 책을 항상 아이 동선의
    근접 거리에 배치한다

13. 외출 시 여러 권의 책을 가지고 다니며 지속적으로 책을 읽도록 한다

14. 칭찬할 때는 구체적으로 하고, 결과에 대한 칭찬보다는 과정에
    대한 칭찬을 한다
    예) '잘 그렸네'보다는 '이와 같은 그림을 그리기 위해 많은 고민을

했구나'가 좋다

15. 동네의 영어 잘하는 아이와는 무조건 멀리한다

9

책의 주제와 단어를
효율적으로 학습하는 법
Scaffolding(비계) & Elicit(유도) 활용

비계(Scaffolding)란 원래는 건축 공사 시 높은 곳에서 일을 할 수 있도록 설치하는 임시 가설물로, 재료 운반이나 작업을 위한 통로 및 발판을 말합니다. 교육학에서는 수업에서 배울 핵심 내용에 대한 힌트나 암시를 미리 주는 것을 비계(Scaffolding)라고 합니다. 책의 핵심 내용과 단어에 관련된 질문을 하고 답을 유도하는 과정에서 책 내용에 대한 배경 지식을 얻을 수 있기 때문에 아이가 읽고 이해하는데 도움이 됩니다.

비계(Scaffolding)를 활용하면 책에 대한 아이의 집중력 또한 높아집니다. 아이가 답변을 못할 수도 있으니 그에 대비해서 어떻게 힌트를 줄지 미리 생각하고 질문을 하는 것이 좋습니다.

Elicit(유도)이란 '(정보, 반응을)끌어내다'라는 의미를 가지고 있습니다. 이 또한 교육학에서 사용하는 단어 교육법이긴 하나 아이가 능동적으로 사고하도록 하고 단어를 장기 기억으로 연결할 수 있는 최고의 수업 방법이기 때문에 자세한 예시와 함께 알려드리니 꼭 활용해보세요.

● Elicit(유도) 활용법

*barn: 헛간, 외양간, 곳간, 농장 동물들이 살고 있는 집

만약 그림책에 농장 그림이 있고 barn이 있다면 barn을 알려줄 때 단어와 함께 바로 뜻을 알려주기보다는 단어에 대한 질문을 통해 아이가 생각할 수 있는 기회를 먼저 주는 것입니다. 본인의 생각을 말할 수 있기 때문에 자녀 중심의 교육을 할 수 있고 자녀의 답변에 따라 부모는 자녀의 실력을 확인할 수 있는 기회도 됩니다. 틀리더라도 Good try!라고 말해주면서 정답을 알려주세요. 자녀는 본인의 생각과 달랐던 답을 비교하면서 깊이 있게 해당 영단어를 인식하게 됩니다. 이 방법은 일방적으로 barn의 뜻을 가르치는 것보다 책의 그림, 부모의 질문, 본인의 답변, 그리고 정답에 대한 통합적인 사고를 하게 되어 장기 기억으로 이어지기 때문에 학습 효과가 뛰어납니다.

● Elicit(유도)의 예

Where do these farm animals live? Can you point it in this picture?

Great! awesome!

The animal house is called 'barn'.

설명은 복잡한 듯하지만 예시를 보면 어떤 학습 효과가 있는지 알 수 있을 겁니다. 이 정도로만 간단히 진행하시면 됩니다. 모든 단어에 대한 Elicit(유도)을 할 필요는 없고 중요 단어 1~2개 정도를 선정해서 하면 됩니다.

10

혼자 읽기 시작하는
시점은 언제인가요?

영어독서 독립은 부모를 찾지 않고 스스로 그림만을 보더라도 책장을 넘기면서 집중이 가능한 때입니다. 리더스북을 읽을 때부터 대부분 가능한데, 알고 있는 단어가 반복적으로 나오거나 모르는 단어가 있더라고 전체적인 내용을 이해하는데 문제가 없으면 혼자 독서가 가능한 시점이라고 봅니다. 스스로 CD를 틀면서 책의 글과 맞추어 읽는데 문제가 없고 독서에 흥미가 생겼을 때는 아이 혼자 읽는 시간을 조금씩 늘려주세요. 다만, 부모와 함께 읽기는 당분간 진행해야 혼자 읽기 습관이 안정적으로 몸에 밸 수 있습니다. 혼자 읽기로 넘어갈 때는 부모가 모두 읽어주는 것에서 벗어나 함께 읽거나, 읽는 부분을 나누는 것을 추천합니다. 처음에는 부모가 100%를 읽어 주었지만 점차 80:20, 50:50, 20:80 등으로 부모가 읽는 양을 점차 줄이고 아이가 읽는 양을 늘려가세요. 혼자 읽기를 해냈을 때 또는 반복해서 혼자 읽었을 때는 칭찬을 통해 동기부여를 지속적으로 해주세요.

● 영어독서독립훈련 Tip

1. 아이가 좋아하는 책을 반복적으로 읽어준다.

2. 아이가 책을 충분히 많이 읽고 있을 때 시도한다.

3. 독립이 완전히 되기까지 부모의 책읽기는 계속한다.

4. 아이가 외울 만큼 좋아하는 책이 있다면 문장을 짚어가며 읽도록 한다.

5. 스스로 책읽기를 완성하면 적절한 보상을 해준다.

11

대충 읽는
듯하여 걱정된다

'너 대충 읽었구나!'라는 말은 자제하세요. 대충 읽은 듯해도 지적은 하지 않는 것이 좋습니다. 열심히 읽지 않았다는 것은 아이가 스스로 더 잘 알고 있습니다. 이럴 때는 부모가 아이를 이해하려는 자세를 갖는 것이 앞으로의 지속적인 영어 독서교육에 도움이 됩니다. 자녀가 갑자기 독서 후에 깊이 있는 대화를 꺼리는 경우가 있습니다. 이런 경우가 책을 대충 읽고 다 읽었다고 말할 수 있는데요. 아이의 성향을 고려하여 영어독서를 하는데 어려운 문제가 있는지 자연스럽게 대화를 나누어 보세요.

지적보다는 대충 읽는 이유를 찾는 것에 노력을 기울일 필요가 있습니다. 또한, 아이가 책을 제대로 읽었는지 점검하기 위한 지루한 이해도 체크 문제들을 풀도록 하는 것보다 대충 읽었다고 하더라도 책에 대한 아이의 느낌과 의견을 넌지시 묻고 표현하도록 유도하는 것을 권유 드립니다.

유용한 온라인 무료 수업 자료

유튜브 English 키즈 앱
https://www.youtubekids.com/search?q=English&hl=ko

유튜브 Little Fox
https://www.youtube.com/user/LittleFoxKids

BBC podcast
https://www.bbc.co.uk/sounds/play/p08s4tth

무료 영어 선생님 수업자료 다운 받기

https://www.superteacherworksheets.com/

무료 Book Report 다운 받기

templatelab.com/download/book-report-templat

무료 Worksheet 수업 자료 다운 받기

englishlinx.com

기초 영어 무료 동영상

https://www.youtube.com/user/KidsTV123

무료 파닉스 Worksheet 다운 받기

free-phonics-worksheets.com

Sight Words 무료 학습 자료 다운 받기

sightwords.com

Sight Words Game 활용하기
https://sightwords.com/sight-words/games/

Part 4

무서운
슬럼프 극복법

1

영어독서 슬럼프,
비 온 뒤에 땅이 굳는다

우리 아이를 어떻게 즐겁게 해줄까만 고민하세요
올 스탑 NO, 영어독서에 슬럼프가 오면 기본은 '그래도 원서 읽기는
이어간다'고 생각하셔야 합니다.

영어 독서교육이 실패하는 이유는 대부분 바로 이 슬럼프때 잘못 대처했기 때문입니다. 잘 적응해서 영어독서를 하는가 했는데 어느 순간 손에서 영어책을 놓아버리는 경우도 있고 부모가 영어로 대화를 시도하려 하면 손으로 입을 막으면서 '영어 하지 마!'라고 말하는 일도 생길 수 있습니다. 무리하게 가르치듯이 영어를 강요했거나 아이가 원어민 수업에 적응을 못했을 때, 또는 영어수업 중에 마음의 상처를 받았을 때 등 다양한 슬럼프의 이유가 있습니다. 다시 영어교육을 시작하려고 할 때 부모들의 고민과 불안은 이루 말할 수 없을 정도로 큽니다.

영어를 재미있게 시작하는 것도 중요하지만 긴 영어독서 교육에서 가장 중요한 것은 바로 슬럼프를 어떻게 극복하는지 입니다. 슬럼프는 1번만 오는 것이 아니고 2~3번 정도 올 수 있습니다.

그러나 이 슬럼프는 무서워할 것만은 아니라고 말씀드리고 싶습니다. 영어원서 단계가 올라갈 때마다 발생할 수 있는 슬럼프는 피하기가 쉽지 않습니다. 그래서 첫 슬럼프가 왔을 때 부모가 함께 슬기롭게 대처하여 후에 아이 스스로 이런 상황이 왔을 때 문제를 해결할 수 있는 능력을 지니도록 하는 것이 중요합니다.

슬럼프가 발생하게 된 사유를 분석하여 이 시기를 기회로 전환시킨다는 마음가짐을 가졌으면 합니다. 많은 아이들이 슬럼프를 극복하도록 도와주었던 제 경험으로 보면 슬럼프를 지혜롭게 넘긴 아이들은 이후에 되려 영어실력이 향상되는 것을 볼 수 있었고 처음 슬럼프를 극복할 때보다 다음, 그 다음의 슬럼프는 그리 힘들지 않게 문제를 해결했습니다.

슬럼프가 올 것 같은 조짐이 있는지 먼저 체크를 할 필요가 있습니다. 슬럼프의 유형에 따라 부모가 감당할 수 있는지를 타진해보고 힘들 것 같다고 판단이 되면 주위의 영어 교육자들에게 문의나 면담을 통해 도움을 받으시면 됩니다. 자녀의 첫 슬럼프를 경험하게 되면 '부모'이기 때문에 적잖이 당황하게 되고, 또한, 경험이 없다 보니 옳지 않은 방법으로 해결을 하려다 실패를 할 수도 있습니다. 다음의 슬럼프를 극복하는 방법을 숙지하시고 현명하게 대처하시길 바랍니다.

아이와 자주 산책을 하며 진정한 대화를 나누자

자연을 볼 수 있도록 자주 산책을 하는 것은 감수성을 풍부하게 해주어 대화가 용이하며 부모도 아이의 이야기에 귀 기울일 수 있는 좋은 기회가 됩니다. 힘든 점을 구체적으로 묻고 확인한 후 조언을 주도록 합니다. 지금 어려움을 만났지만 슬기롭게 해결할 수 있으며, 다양한 책들을 읽고 중간에 시행착오를 겪는 것은 그 과정이 성장을 위한 길임을 알려주시면 됩니다. 그리고 언제나 엄마, 아빠가 도와 줄 것이라는 믿음을 안겨주세요.

흥미를 느끼는 분야의 책을 찾아서 관심 UP!

먼저 아이가 흥미를 느끼는 요소를 찾아서 그와 관련된 책을 아이와 함께 정보를 검색해 봅니다. 그 과정에서 다시 독서에 집중할 수 있고 새로운 책을 흥미롭게 읽다 보면 힘들었던 시기를 가볍게 넘길 수 있습니다.

도서관, 서점 방문

도서관과 서점을 방문하여 다양한 책을 보는 것만으로도 간단하지만 놀라운 기분 전환이 일어납니다. 다양한 책을 보다 보면 새로운 책을 찾아 읽고 싶다는 생각이 싹터 오를 수 있습니다. 또는 읽던 책과 비슷한 책을 고를 수도 있고 아예 새로운 분야에 관심을 가지게 되면서 독서를 이어갈 힘이 생기기도 합니다.

독서는 양보다 질이 중요하다

무조건 높은 레벨의 책을 많이 읽는 것보다 한 권이라도 아이가 성취감을 느끼는 독서를 하는 것이 중요합니다. 아이의 수준을 고려하여 정 난이도나 조금 낮은 레벨의 책을 선정하여 읽고 독서의 만족감을 느낄 수 있도록 해주세요.

수면 습관과 생활 습관의 점검이 필요하다

슬럼프가 오는 시기는 대부분 챕터북 이상의 단계가 될 때 집중력이 떨어지면서 흥미를 잃는 경우가 많고 또는 고학년이 되면서 학습량이 증가하여 수면 량이 줄어들면서 슬럼프가 올 수도 있습니다. 올바른 수면 습관과 규칙적인 생활 습관은 집중력을 높이기 때문에 슬럼프를 극복하는데 중요한 역할을 합니다. 별것 아닌 듯해도 꾸준한 독서를 위해선 수면 습관과 생활 스케줄을 점검해보아야 합니다.

Book Activity 즐기기

흥미롭게 읽었던 책의 이야기를 직접 성우가 되어 녹음을 하거나 작은 주인공 얼굴 소품을 만들어서 연극을 해보며 동영상 촬영을 하는 것도 좋습니다. 작가되기, 앵커 되기 등의 Activity는 아이들이 좋아하고 손쉽게 할 수 있습니다. 책을 기본으로 하지만 책이 아닌 새로운 것으로 관심을 전환하는 기회를 가질 수 있습니다.

책 외의 영상물 활용하기

당분간 책 읽기의 비중을 낮추고 영어 DVD나 유튜브 동영상 등의 영상물에 노출시키는 양을 높여주는 것도 좋습니다. 책과 연관된 영상이나 자녀가 관심이 있는 분야의 DVD, 또는 교육적인 영화나 애니메이션을 영어 자막을 넣기도 하고 또는 제거하기도

하면서 보도록 합니다. 한글 자막을 보여주는 것은 피하고 반복적으로 시청하게 되면 영어책 읽기의 비중은 줄였더라도 영어 관련 콘텐츠의 노출은 지속되기 때문에 유용한 방법입니다. 시청 시간은 하루 2~3시간 이내로 절제하도록 교육해주세요.

인생은 멀리 보아야 한다

너무 힘들고 지칠 때는 하루 정도는 쉬어주는 것도 괜찮습니다. 물론, 자주 쉬면 안 되겠죠?

다음날은 새롭고 재미있는 책을 찾는데 공을 들여 주시고 잘 읽어내면 영혼이 담긴 디테일한 칭찬으로 격려해주시기 바랍니다. 간혹, 영어독서에 슬럼프가 온 것 같다며 당분간 쉬고 다시 시작한다면서 1~2년을 그냥 보내는 경우가 제법 많습니다. 후에 상황이 더 악화되어 다시 시작하는 것이 어렵다며 상담을 요청하는 부모님들이 많은데요. 대부분의 사유는 아이가 영원히 영어독서를 손에서 놓을 까봐 걱정이 앞서서 쉬었다는 것입니다. 장기간의 휴지기를 갖는 것은 지양하시고 영어독서에 슬럼프가 오면 '그래도 원서 읽기는 이어간다.'고 생각하세요. 한 단계 쉬운 책을 선택하거나 읽는 양 또는 시간을 줄이는 등의 방법을 활용하시면 됩니다. 휴식 기간이 길면 이미 영어독서 습관이 무너졌기 때문에 회복하는데 상당한 시간과 노력이 필요하니 이 점을 유의하시고 다양한 방법을 실행하면서 극복하세요.

영어책 읽기를
거부할 때는 어떻게 하죠?

영어책 읽기를 감깐만 멈추세요. 대신 한글책을 많이 읽어 주시고 영어책과 쌍둥이 책이 있으면 그 책을 우선으로 읽히고 영어책을 후에 읽도록 유도하는 것이 좋습니다. 당분간만 재미있는 CD 노래나 DVD, 그리고 영어 동영상만을 활용하여 영어에 대한 흥미를 잃지 않도록 하세요. 그리고 부모가 영어책을 재미있게 읽는 모습을 보여주거나 아이가 관심 있어 하는 한글책 책장에 영어원서 책을 한개 씩 함께 꽂아 놓는 등의 독서 분위기를 만들어주는 것은 효과적인 방법이 될 수 있습니다. 또한 분위기를 전환하여 집 밖으로 나와서 영어와 관련된 연극 등의 다양한 행사에 참여하는 것을 권유 드립니다. 앞에서 제시한 방법들을 고루 활용하면서 아이가 영어책 읽기를 거부하는 이유를 찾고 해결 후 다시 읽기를 시작하는 시점을 고민해 보세요.

3

아이가 너무
어려운 책을 빌리거나 반대로
너무 쉬운 책을 읽으려고 해요

이 2가지의 상황은 모두 부모로서 당황스러울 수 있습니다. 교육 일선에서도 늘 일어나는 일이기 때문에 조심히 접근해야 합니다. 책이 두껍거나 한 페이지에 글 수가 많으면 어렵고, 반대의 경우면 쉽다고 생각할 수 있습니다. 그러나 영어원서는 항상 그렇지만은 않습니다. 얇은 책이어도 어려울 수 있고 두꺼워도 읽을 만한 책이 있습니다.

책의 난이도는 책 두께와 상관없을 수 있다 & 계단식 성장도 고려해야

어려운 책을 빌리려는 경향이 있다면 대표적인 리딩 지수 2가지, AR이나 Lexile(렉사일)지수를 확인하고 한 페이지 안에 모르는 단어가 5-6개의 정도(챕터북 이상인 경우)면 읽기에 적당하다고 볼 수 있으니 아이와 함께 대화를 충분히 나누어 보고 읽어볼 의향이 있는지 알아보세요. 아이가 책의 주제에 대한 남다른 관심을 가지고 있을 수도 있고 어려운 도전을 하고 싶다고 할 수도 있으니 기회를 주는 것도 좋습니다.

반대로 아이가 지속적으로 쉬운 책을 선정한다면 게으름 때문인지, 흥미가 떨어져서 인지 정확한 이유를 찾아야 합니다. 거의 대부분의 부모들은 바로 알 수가 있으며 이유에 따라 적절한 대처가 필요합니다. 다만, 읽었던 책과 동일한 수준의 책을 지속적으로 읽으려고 하는 것은 괜찮습니다. 영어독서도 계단식 성장처럼 한 단계에서 충분한 학습이 이루어져야 다음 단계로 오늘 수 있습니다. 더욱 단단한 성장을 위해 또는 유창성을 높이기 위해 필요한 시기 일 수도 있으니 아이가 진정으로 이 레벨의 책을 즐기고 있다면 충분히 기다려 주세요.

4

1000권
파티가 가능할까?

5세부터 영어 픽쳐북을 보게 되면 하루에 10~20권 정도를 읽을 수 있습니다. 그리고 꾸준히 영어독서를 했다면 초등학교 2학년에는 약 600~700권 정도를 읽었을 가능성이 있습니다. 이 정도의 실력과 속도라면 영어 유치원을 나온 아이들의 실력과 맞먹게 됩니다. 한 국내 대형 영어 유치원을 예로 들면 1년에 300~400권을 목표로 책을 읽히고 있기 때문에 영어 유치원 출신이 4년 정도 독서를 했다면 대략 1200~1300권을 읽습니다.

가정에서도 픽쳐북과 리더스북, 쉬운 챕터북까지 약 500권을 초등학교 1학년까지 읽어 내면 초등학교 3~4학년에는 약 1000권을 달성할 수 있습니다. 영어책 1000권 읽기가 불가능할 것 같지만 유아기부터 영어독서교육을 시작한다면 충분히 가능한 일입니다. 이 단계에 도달하게 되면 아이들은 자기 주도적으로 관심이 있는 책이나 필독서를 골라 읽게 될 테니 부모는 어느 정도 한 숨을 돌릴 수 있습니다.

Part 5

영어독서교육으로
영어 영역별
실력 높이는 법

1

파닉스에 겁먹지 말자!

원발음 그대로 똑같이 반복 연습하기, 이게 정말 다야?
Song과 파닉스 영상으로 시작하여 픽쳐북과 리더스북으로 끝내기

파닉스 학습은 알파벳 26개의 철자가 어떤 소리를 내는지 이 철자들이 조합이 되면 어떤 새로운 소리를 내는지에 대해 배우는 것입니다. 집중적인 파닉스 학습이 예외가 많은 영어의 모든 단어의 발음을 배울 수 있는 것이 아니며 음가를 정확히 안다고 해서 책을 읽고 정확히 이해를 한다는 것을 의미하지도 않습니다.

파닉스는 체계적으로 교육 받아야 하는 것으로 이해를 할 수도 있지만, 음가를 교육해주는 동영상이나 파닉스 관련 픽쳐북, 그리고 초기 리더스북에서도 배울 수 있습니다. 영어를 처음 접하여 흥미로운 관심을 일으켜야 하는 이 시기에 무미건조하게 음가를 파닉스 학습 책으로 일정 기간을 학습하는 것은 좋은 방법이 아닙니다.

요즘 같이 미국, 영국 등에서 자국의 아이들을 교육하기 위해 체계적으로 제작된 우수한 영어동영상을 활용하면 영어독서를 시작하기에 무리 없는 실력을 쌓을 수 있습니다.

'파닉스 학습을 완료했어요.'라고 하는데 기본 음가를 배워도 예외가 상당히 많기 때문에 방대한 파닉스를 완성한다는 것은 힘든 일입니다. 그럼 어떤 방법이 좋을까요? 새로운 음가의 단어가 나올 때마다 듣고 반복적으로 부지런히 연습을 하는 수밖에 없습니다.

수많은 단어를 끊임없이 접하는 것이 관건인데요. 방대한 영어독서가 답입니다. 다양한 단어의 발음을 음원으로 대충듣거나 몰입듣기를 통해 연습을 하면서 익숙해지도록 노력하면 됩니다.

Song과 파닉스 영상, 그리고 책읽기로 파닉스를 익힌 후 배우지 못한 음가가 있는지 확인을 위해 파닉스 기본 교재로 정리를 해보는 것은 추천 드립니다. 다양한 파닉스 교재에는 스티커부착 등의 간단한 흥미로운 학습이 가능하고 듣기 음원이 제공되기 때문에 게임을 하듯이 풀도록 하세요. 간혹 가다가 발음기호를 어떻게 읽을 수 있게 만드는지 고민이라고 하는 부모님들이 계시는데 지금은 아이들에게 전혀 교육하지 않고 있습니다. 가장 중요한 Tip은 그냥 원발음 그대로 똑같이 발음하도록 격려를 해주고, 발음을 잊으면 반복적으로 사전의 발음을 들으며 연습하도록 교육하면 됩니다. 영어독서를 통해 습득한 파닉스 실력은 심화 Listening나 Speaking에 중요한 역할을 하게 됩니다.

2

아이의 발음은 언제 좋아지나요?

아이가 처음에는 엉뚱하게 말하거나 틀린 발음을 구사할 때가 있습니다. 부모의 기준으로 보기에는 너무 기본 단어인데 아이가 모르는 것에 당황하여 '이것도 몰라?'하는 말이 입에서 툭 튀어나오거나, 한숨을 쉬는 등의 행동을 할 수 있습니다. 이와 같은 말과 행동은 자녀의 영어 학습과 영어책 읽기에 대한 자신감을 떨어뜨리고 책을 기피하게 만들 수 있기 때문에 무척 조심해야 합니다.

가장 좋아하고 늘 옆에 가까이 있는 부모로부터 먼저 인정을 받고 싶어 하는 아이들은 이 같은 상황에 의기소침해지며 가슴 깊이 새겨두게 됩니다.

영어 발음과 관련하여 부모들이 꼭 알아두어야 할 사항이 있습니다. 옆집 아이가 버터 영어 발음을 구사하면 '어머, 미국에서 살다 왔나봐!'하며 부러워 할 수 있습니다. 그러나 영어 발음만 유창하다고 해서 영어 실력이 탁월하다고 볼 수 없습니다. 영어의 모든 영역이 고루 성장해야 진정한 이중 언어사용자가 될 수 있기 때문에 원어민처럼 유창한 느낌이 나지 않는다고 해서 실망하지 않길 바랍니다.

발음은 충분한 영어독서가 진행되면 반드시 교정이 됩니다. 자녀의 발음이 틀렸을 때는 '그 단어의 음원을 엄마와 함께 들어볼까?'하며 핸드폰의 영어사전이나 CD 등을 활용하여 기분 나쁘지 않도록 확인시켜 주세요. 부모님도 아이와 함께 반복 연습을 하면서 칭찬을 해주고 자신감을 불어 넣어주시길 바랍니다.

3

듣기는 언어 습득의 시작이다

새로 만나는 소리에 익숙해지도록 하자

영어 듣기의 시작은 모국어처럼 자연스럽게 듣고 음가와 단어를 인식하도록 하는 것입니다. 그 다음 아이들은 들었던 단어들의 조합으로 만들어진 문장의 의미를 이해하게 됩니다. 이후에는 그림만 있는 픽쳐북을 보기 시작하다가 단어와 문장이 있는 픽쳐북을 보게 되면서 들었던 문장과 글의 문장을 서로 연결할 수 있습니다. 그리고 마침내 문자로 읽는 독서가 시작될 수 있는 시기에 도달하게 됩니다.

읽기를 시작하면서 다양한 기본 단어를 알게 되고 문장의 규칙(문법)에 익숙해지는 시기가 오며 이해한 내용에 대한 반응이 시작됩니다. 초기의 듣기와 읽기의 병행은 2~3년 이상 진행되어야 하며 상호보완적인 효과가 나타나려면 매일 일정 시간을 정하여 듣기와 독서량을 채우는 것이 좋습니다.

Speaking과 Writing의 능력은 말하거나 쓸 콘텐츠가 얼마나 있느냐에 좌우됩니다. 말과 글을 조리 있게 논리적으로 표현하기 위해서는 말하려는 내용에 대한 배경 지식과 충분한 사고 과정이 있어야 가능하죠. 유아기의 올바른 Listening의 시작이 방대한 Reading으로 연결된다면 훨씬 쉬워집니다.

듣기는 언어 습득의 시작으로서 아이들이 영어를 즐겁게 접할 수 있도록 유익한 자료들을 고루 사용하는 것이 중요합니다.

영어음원 & 동영상을 활용하며 픽쳐북(Picture Book)읽기를 시작하자

CD로 Chant &Song을 듣거나 영어 동영상, 또는 DVD 등을 활용해 시청각 효과를 얻을 수 있습니다. 아이들은 몰랐던 의미들을 주측을 통하여 서로 연결해 가녀 결국 맥락을 이해하게 됩니다. 픽쳐북 읽기를 시작할 때는 부모가 읽고 아이는 귀로 듣도록 해주세요. 아이들은 삽화로 책읽기를 하기 때문에 부모가 읽은 문장을 따라하라는 등의 요구는 집중력을 떨어뜨릴 수 있습니다. 이 시기는 듣고 눈으로 읽는 것만으로도 충분합니다. 영어책을 얼마나 읽어 주어야 할까요? 아이가 혼자 읽고 싶다고 할 때까지 넘치게 읽어주세요. 아이뿐만 아니라 부모도 함께 책을 읽으며 영어 능력이 성장할 수 있다는 긍정적인 생각을 지니고 이 시기를 잘 넘기길 바랍니다.

리더스북(Reader's Book)은 음원을 적극 활용하자

리더스북(Reader's Book)은 20-30페이지 정도 되는 두께의 책이며 거의 모든 페이지에 삽화가 칼라나 흑백으로 삽입되어 있습니다. 부모가 읽어 줄 수도 있지만 음원이 있을 경우는 음원을 활용하시기 바랍니다. 리더스북 읽기부터는 스토리의 이해가 중요한데 아이에게 익숙지 않은 긴 문장이 나오기 때문에 흥미를 잃을 수 있습니다. 재미있는 효과음과 전문적인 성우의 목소리는 책에 대한 흥미 도를 높이며 스토리 또한 더욱 명확하게 이해할 수 있습니다. 음원의 구성에는 Song &Chant도 있고 아이가 성우를 따라서 음독(소리 내어 읽기) 할 수 있는 등의 다양한 트랙이 포함된 것도 있으니 놓치지 말고 활용하세요.

리더스북(Reader's Book)같은 초기 챕터북(Chapter Book)으로 듣고 읽자

챕터북(Chapter Book)은 초기 챕터북과 중기, 후기 챕터북으로 나눌 수 있습니다. 챕터북 시기는 책이 두꺼워지고 삽화가 상당히 줄어들며 흑백 책이 대부분이라 아이가 영어독서의 흥미를 잃을 수도 있는 위험한 시기입니다. 때문에 초기 챕터북은 리더스북과 비슷한 것으로 선택할 필요가 있습니다. 챕터북 또한 음원을 활용해서 읽게 되면 흥미를 유지할 수 있고 듣기 능력을 강화시킬 수 있습니다. 챕터북 중에는 음원이 없는 것도 있으니 챕터북 초기에는 음원이 있는 챕터북을 활용하시면 좋습니다.

소설 단계도 음원을 활용하면 효과가 있을까?

독서의 기본은 묵독(소리를 내지 않고 속으로 글을 읽기)입니다. 그러나 몰입듣기(음원을 들으며 글을 함께 읽기)로 독서를 하는 것도 괜찮다고 생각합니다. 자녀가 본인의 독서습관을 만들어 갈 때 묵독이든, 몰입듣기 독서든 간에 다양하게 활용하도록 조언을 주세요.

뉴베리수상작들이나 필독 소설들의 음원은 아마존 오더블(audible.com)에서 매월 일정액을 지불하고 구매하여 들을 수도 있고 유튜브에 간혹 고급 음원이 제공되는 경우가 있으니 활용해도 됩니다. 뉴베리수상작을 읽을 시기가 되면 독서에 흥미를 느끼고 집중력도 높아졌을 가능성이 있기 때문에 음원 활용을 안 해도 되지만 아이가 읽기 속도를 늘리고 싶다거나, 반대로 슬럼프일 경우는 음원을 이용하면 도움이 될 것입니다.

4

Reading Quiz를
꼭 풀어야 하는가?

대답은 '아니다'입니다. Teaching Reading 교육 이론에서는 'Reading Comprehension Levels'라고 해서 Literal(What is actually stated), Interpretive(What is implied or meant rather than what is actually stated), 그리고 Applied(Extending the concepts or ideas beyond the situation)의 3가지로 이해도를 확인합니다. 흔히, 책 속의 내용을 정확히 이해했는지를 확인하는 Reading Quiz는 Literal에 해당되며 책 내용의 사실을 묻는 문제로 표면적인 학습이라고 정의합니다. 물론 책 내용의 대한 정확한 이해도 필요합니다만 Story의 추론이나 그와 관련과 새로운 정보, 본인의 경험 등에 대해 학습을 하는 Interpretive와 분석 및 실생활에 적용 여부, 개인적인 의견, 통합적 사고 등이 가능한 Applied도 중요합니다. 그래서 단순히 책 내용을 이해했는지만 확인하고 점수로 아이의 실력을 평가하는 것은 지양하는 것이 좋습니다. 영어책을 읽고 이해도를 확인하는 과정에서 문제를 다수 틀리게 되면 아이들의 실망감은 생각보다 무척 클 수 있습니다. 이 점수들은 부모가 지적을 하게 되는 도구로 활용될 수도 있습니다. 책의 세부적인 내용을 잘 모르더라도 주제를 이해하고 책이 주는 다양한 간접경험을 하는 것만으로도 독서의 중요한 부분은 얻을 수 있습니다. 세계적인 작가이며 '언어의 마술사'라 불리는 로알드 달(Roald Dahl)의 책들을 보면 책 뒷면에 이해도 체크를 위해 5개 정도의 문제를 제공합니다. 책마다 다르긴 하지만 이처럼 문제가 제공된 경우에만 재미로 가볍게 문제를 풀고 답을 확인해 보는 것이 좋겠습니다.

5

모르는 단어가 많아서
영어원서 읽기를 싫어해요

단계별 영어독서가 답이다

단계별 영어독서는 세계적인 언어학자들이 연구한 효율적인 언어 습득 법에 근거하여 책읽기를 할 수 있기 때문에 단어도 체계적으로 배울 수 있습니다. 단계별 원서에는 어휘의 난이도, 단어의 스펠링 수, 그리고 한 문장 또는 한 페이지의 단어 개수 등이 모두 고려되어 제작되어 있습니다. 따라서 매 단계마다 다양한 책들을 충분히 읽혀 주시면 다음 단계의 책을 읽을 준비가 됩니다.

단어는 반복이다, 그리고 단어는 중요한 것이 맞지만 영어독서의 전부는 아니다.

반복은 가장 강력한 기억의 도구입니다. 우리의 뇌는 기억하는 것만큼 망각하도록 되어 있습니다. 반복은 왜 기억을 강화할까? 주기적으로 반복해서 뇌를 자극하면 기억을 담당하는 해마에서 신경세포들이 연결되는 시냅스 부위가 강화됩니다. 반복학습을 하려면 머릿속에 이미 저장된 정보를 다시 불러와야 하는데요. 이때 이미 저장된 정보와 다시 들어온 정보들의 신경세포가 활성화돼 서로 교신하며 기억이 강화되는 것입니다. 사람마다 각자에게 맞는 기억법이 있지만 오래 기억하려면 반복해야 한다는데 는 이견이 없습니다.

내 자녀의 단어 암기법은 반복학습을 기본으로 두고 다양한 방법을 시도해 본 후 적절한 것으로 선택하면 됩니다. 과거의 영어 학습에서는 단어를 무척 중요시 여긴 탓에 부모들은 자녀의 단어 학습에 대한 막연한 걱정이 앞설 수 있습니다. 그러나 단어가 중요한 것은 맞지만 영어독서의 전부는 아닙니다. 꾸준히 독서를 하고 아이에게 맞는 방법으로 단어 정리를 하며 반복적으로 노출이 되도록 하면 됩니다.

다행히도, 챕터북 단계에서 6개월 정도 단어 정리를 하다 보면 사전을 활용하여 찾아봐야 할 단어에 대한 안목이 생깁니다. 생긴 안목만큼 단어 찾기와 정리에 소요되는 에너지를 줄일 수 있습니다. 단어에 대한 두려움이 사라지는 시기가 오는데요. 이전에는 '단어를 또 찾아야 돼'하며 한숨을 쉬었다면 '읽다가 궁금해지면 찾아보면 되지'라고 가볍게 생각하게 됩니다. 어려운 단어가 나오면 몰라서 불안해 하는 것이 아니라 이 단어의 의미를 추측하거나 때로는 무시해도 책의 내용을 이해할 수 있다는 자신감이 생기게 됩니다.

또한, 책의 문장에서 낯선 단어를 만나도 그 뜻을 문맥적으로 이해하기 때문에 이 같이 단어의 의미를 정확히 이해하는 과정이 지속적으로 반복이 되면 장기기억에 도움이 되고 활용능력도 향상됩니다.

영어독서 입문 시기- 픽쳐북과 리더스북 단계

단어가 주인공이 아니다 _ 영어로 사고하고 표현하는 것을 배우기 위해서는 우선 그냥 느낀다

중요 Sight단어(빈도수가 많으며 문맥 상 자연스럽게 습득해야 하는 단어. 예: a, you, is, red, in, like등)는 따로 암기할 필요가 없습니다. 책을 읽으면서 자연스럽게 익숙해지기 때문입니다.

아이가 그 문장의, 그 분위기의, 그 느낌대로 단어를 만나도록 해주세요. 그래야 적절한 상황에 맞게 그 단어를 제대로 사용할 수 있습니다. 판매되는 단어 책이나 영어사전의 의미가 책 속의 단어의 의미를 모두 설명해내지 못하는 경우가 많다는 것을 이해할 필요가 있습니다.

모르는 단어와의 만남은 두렵다고 부모들은 생각할 수 있습니다. 그러나 아이들은 그 만남이 새 친구를 만난 것처럼 신기하고 흥미로울 수 있다는 것을 기억해 주세요. 혹시 놓쳤을 수 있는 단어를 점검하고 배운 기본 단어를 장기 기억으로 만드는 방법을 소개드리자면 리더스북이 완성되고 챕터북으로 넘어갈 시기에 주요 Sight Words를 게임으로 즐겁게 연습하는 기회를 가지면 효과적입니다.(Part 3의 온라인 무료 수업자료 Sight Words Game 참고)

영어챕터북 단계

단어는 늘 몸에 붙이고 다니는 휴대폰 같은 것으로 인식시킨다

단순히 단어만 암기하는 학습은 효과가 없습니다. 간단한 단어장 정리로 단어와 친해지도록 해주세요.

기록이 있어야 불안하지 않고 반복학습이 가능합니다. 챕터북 단계는 외웠던 단어를 자주 잊는 것에 대해 불안감이 생길 수 있는 시기입니다. 알았던 단어인데 새로이 보면 기억이 나지 않아서 짜증이 날 수 있죠. 이 시기는 영어 단어암기에 대한 노력이 왜 필요한지 설명하고 동기부여를 시작하는 것이 좋습니다. 이 시기에 단어정리를 시작하고 반복학습을 최소한 2번 정도 하게 되면 상당량의 단어를 숙지하게 되며 다음 레벨인 소설 읽기에 넘어갈 수 있는 힘을 안겨줍니다. 단어장 정리법의 가장 중요한 핵심은 책의 문장으로 단어의 뜻을 외우는 것입니다. 내가 알고 있는 문장으로 암기를 해야 잊을 확률이 낮고 단어의 실제 활용도가 상승하게 됩니다. 책의 문장이 길 경우에는 줄여서 '구'(단어 2개 이상)의 형태도 적어서 암기해도 효과는 좋습니다. 또한 긴 문장을 필사(베끼어 씀을 의미)할 때는 문장의 구조를 이해하는데 도움이 되어 되레 문법을 쉽게 터득하기도 합니다. 정리된 단어와 문장들은 1주일이나 2주일마다 소리 내어 2번 읽거나 녹음을 하는 등의 흥미로운 활동으로 연결하여 지속하도록 격려하시면 좋습니다.

6

그 놈의 문법이 문제야!

언어의 사용법칙이니 만큼 문법을 알아야 하는 것은 맞습니다. 그러나 축구를 하려면 축구의 룰을 알아야 하듯이 영어를 사용할 때 알아야 하는 법칙 정도로 이해하시면 됩니다. 영어독서를 꾸준히 한다면 자연스럽게 문장의 룰을 익히게 되면서 영어 문법에 익숙해집니다. 과거의 한국 영어교육은 특히나 문법을 강조했고 그와 같은 환경에서 많은 부모들이 고생을 했기 때문에 자녀도 동일한 길을 밟을 것 같은 생각이 들 수 있습니다. 문법은 우리 아이에게 필요한 보물 상자에 불과합니다. 보물 상자에 어떤 귀중한 물건을 담을 수 있는지가 더욱 중요하지 않을까요? 영어 독서교육은 귀중한 보물과 보물 상자를 함께 만들어 낼 수 있는데 효과적인 방법입니다.

챕터북의 마지막 단계에 오게 되면 슬슬 영어의 다양한 표현들이 나오면서 이해가 힘든 문장을 접할 수 있는데요. 그때 문법의 특수 구문을 학습하기 위해 쉬운 난이도의 문법책으로 1~2권정도 학습하도록 지도를 해주세요. 좋은 문법책을 소개해 달라는 요청을 많이 받는데요. 문법책 중에 아이 스스로 할 수 있는 가장 편안한 문법책이 있어서 소개드리겠습니다. 세계적으로 많은 나라에서 사용되며 그 인기는 아직도 식지 않았는데요. 'Grammar In Use'는 문법 설명이 간략하지만 명확하며 이해하기가 쉽습니다. 영어로 쓰인 문법책이며 원서를 읽는 아이들에게는 이 책으로 학습하기를 권유하고 있습니다. 부모들이 중급문법 정도만 가이드를 해주면 고급문법(고등학교실력의 문법)은 본인이 찾아서 스스로 학습을 하게 될 것입니다. 그때까지만 도와주면 됩니다.

7

Speaking실력을
높이는 골든 타임 활용법

　기하급수적으로 늘어나는 정보와 기술의 발달, 그리고 다양한 콘텐츠의 증가는 미래 환경의 빠질 수 없는 핵심변화입니다. 이 미래 환경에서 자녀의 꿈을 펼칠 수 있는 방법은 많은 정보를 소화하고 정리하며 문제의 해결책을 찾고 설득하는 능력을 지니는 것입니다.

　미국과 유럽을 비롯한 여러 교육 선진국들은 영어독서를 통해 꾸준히 성장한 배경지식을 바탕으로 Speech의 역량을 키우는 수업을 필수적으로 사용하고 있습니다. 사교육비는 제로인데 영어실력은 최강인 스웨덴의 경우는 '떠들기 수업'으로 선생님의 어떤 지적도 없이 자유롭게 영어로 말하도록 격려를 하며 '전화 받기', '연극하기'를 수업 중에 진행합니다. 핀란드의 경우, 유아기의 아이들이 매년 스피치 테스트를 받으며 성장에 따른 말하기 성취도를 체계적으로 관리하기로 유명합니다. 이미 한국도 2015 개정 교육과정을 통해 교육부는 자기관리 역량, 지식정보처리 역량, 창의적 사고 역량, 심미적 감성 역량, 의사소통 역량, 공동체 역량의 6가지 핵심역량을 강조하면서 다양한 영어 수행평가나 프로젝트 수업 등의 참여 수업을 통해 영어 말하기실력을 강화하고 있습니다.

'내 아이는 영어를 사용하는 원어민이 되도록 만들고 싶다'라는 마음을 지닐 수 있는데요. 원어민의 문화와 정서를 지니고 있는 것이 아니기 때문에 결코 영어를 모국어로 사용하는 원어민이 될 수 없습니다. 한국의 아이들은 한국의 우수한 문화와 역사를 지녔으며 명석한 두뇌와 열정, 그리고 순발력까지 지니고 있습니다. 이 우수한 한국 아이들에게 영어능력과 풍부한 독서를 더해 준다면 영어만 잘하는 원어민보다 더 훌륭한 아이로 성장시킬 수 있습니다.

'우리 아들은 여자 아이들에 비해 통 말을 안 하니 영어 말하기 실력도 좋지 않아요', '우리 딸은 소극적이라 영어로 말하기를 꺼려해요' 등의 말을 많이 듣습니다. 영어로 말해야 하는 때가 오면 아무리 말수가 적고 내성적인 아이도 필요한 말을 정확히 할 수 있으니 걱정하지 않도록 부모님들을 안심시키는데요. 상대방의 말을 경청하고 정확한 답변을 적절히 할 수 있으면 됩니다.

Speaking을 강화하기 위해 학교 영어 말하기 대회나 그와 연계된 영어 발표대회들에 매년 적극적으로 참여하도록 격려해주면 아이도 영어 말하기의 중요성을 느낄 수 있기 때문에 동기부여가 충분히 됩니다.

학교 영어말하기 대회에 도전하는 골든 타임 활용법

학교의 영어 말하기대회는 매년 학생과 학부모, 교직원들의 관심 속에서 치러집니다. 학교의 홈페이지에 올라온 공고의 엄청난 조회 수를 보면 그 열기를 잘 알 수 있는데요. 귀국 학생과 국내

파 학생들의 실력 차이로 나누어서 진행되기도 합니다. 대부분 3분가량의 스피치로 입상이 결정되며 예선과 본선으로 나누어서 진행됩니다. 간혹, 영어실력이 높은 아이들이 수상하지 못하는 경우가 있는데 이는 무대에서 얼마나 다양한 끼를 보여주는지도 중요하기 때문입니다. 그런데 이 '끼'는 아무 때나 노력한다고 되는 것이 아닙니다. 보통 초등학교 4학년 학생들이 대부분 6학년 학생들보다 우수한 성적을 거둘 수 있는 이유는 사춘기 이전이라는 점과 과중한 학업을 만나기 전이기 때문입니다. 자녀들의 특성에 따라 다르기는 하지만 보통 4학년 이전에 이와 같은 기회를 가지고 노력해 봤는지가 중요합니다. 이 시기에 수상을 못하더라도 여러 번 도전을 해본 학생들은 영어 말하기에 대한 자신감을 얻을 수 있습니다.

영어의 Speaking을 강화하고 동기부여에 도움이 될 수 있는 영어 말하기대회에 참가하도록 권유하는 것은 좋은 시작이 됩니다. 발표할 주제를 선정하고 유용한 정보를 찾아 선별하고, 내용을 논리적으로 구성하여 글을 스스로 쓰도록 교육해 주세요. 학원 선생님이나 다른 사람에게 부탁해서 대필하는 것은 도움이 되지 않으니 아이가 이 모든 과정을 능동적으로 하도록 하고 점검 정도만 받도록 하는 것이 좋습니다. 본인의 이야기에 설득되도록 강조할 부분을 정하고 목소리의 강약을 조절하거나 적절한 제스처를 사용하는 것은 또 다른 스피치의 역량을 키울 수 있는 기회가 됩니다. 수상을 못 하더라도 경쟁자들로부터 배울 수 있는 유용한 시간을 가질 수 있으며 매 해 반복되는 영어대회 참가경력은 더 큰 무대에 설 수 있는 발판이 될 것입니다.

평가영역	평가요소	배점	총점	평가방법
영어구사능력	적절한 발음, 어휘, 어법에 맞는 문장 구사능력	30		
발표내용	발표내용의 논리성 및 개연성, 주제에 적합한 창의적인 내용	30		심사위원 개별 평가 후 합산해서 최다득점자 순으로 선발
발표방법	발표에 적합한 자세 및 적절한 자료 활용, 발표분량의 정확성, 원고를 보지 않는 발표력	20	100	
발표준비태도	발표대회를 준비하는 대도의 성실성 발표대회에 참여하는 태도의 성실성	20		

학교 영어말하기 대회 안내 사항의 예

● 도전방법

1. 자녀의 의견을 타진하고 동기부여를 한다
2. 스스로 해낼 수 있다는 자신감을 심어주며 부모가 함께 도와 줄 거라고 안심시킨다
3. 자녀가 도전하고 싶은 주제를 선정하고 주제에 대한 아이의 생각을 대화로 이끌어낸다
4. 전달하려는 핵심 내용을 정하고 아이디어를 확장하며 Brainstorming을 한다
5. 주제와 관련된 자료를 조사하여 정리한다
6. 자녀 스스로 발표 초안을 작성한다

(부모나 영어선생님이 대필하는 것 금지)

7. 초안에 보완할 부분을 정리하여 완성한다

8. 발표 시간과 말하기 속도를 점검하며 글의 양을 확정한다

9. 주변의 원어민이나 첨삭 전문인에게 의뢰하여 첨삭을 받는다

10. 스크립트를 외우면서 적절한 제스처를 고안하고 연습한다

11. 발음과 Intonation을 원어민에게 교정 받는다

12. 비디오 촬영을 통해 보완점을 확인하고 교정한다

13. 연습할 때는 '실전처럼', 실전에서는 '연습처럼'이라는 각오로
    연습하고 발표한다

● 성공하는 Speech 비법 10가지

1. 청중이 관심을 가질 주제를 선정한다

2. 본인의 Story나 의견을 진심을 다해 전달한다

3. 영어독서를 통해 습득한 품격 있는 언어를 사용하여 논리적으로 말한다

4. 시작 1분 안에 청중을 집중시킨다

5. 모든 청중이 이해할 수 있도록 쉽고 적절한 길이의 문장으로 말하여
   공감을 얻는다

6. 청중이 1~2번은 웃을 수 있는 위트를 첨가한다(청중의 특징을
   사전에 분석한다)

7. 목소리 톤에 자신감이 묻어나도록 하며 명확하게 발음한다

8. 필요 시 제스처를 사용할 수 있으나 과하지 않도록 유의한다

9. 설득하려는 주제에 대한 충분한 예시를 제시한다

10. 마무리 문장은 청중에게 깊은 인상을 남길 수 있도록 명언을
    인용하거나 명령문으로 행동을 촉구한다

영어독서로
성장한 Writing실력으로
세계 유명대학에 도전하자

Writing은 어떻게 성장 시킬 수 있을까요?

Writing은 Contents다, 많이 읽고 나의 서평을 적어라

　　Writing의 경쟁력은 소재, 즉 '쓸거리'를 많이 보유하는 것입니다. 다양한 세계적인 작가의 글을 읽고 문체를 배우며 지식과 지혜를 얻는 것이 우선 되어야 합니다. 자녀의 세계관이 커질수록 통합적인 사고가 가능하기 때문에 방대한 독서는 글쓰기의 기본이라고 할 수 있습니다. 동시에 관련 주제에 대한 생각과 감상을 글로 기록하는 습관을 들이는 것이 필요합니다. 단순히 텍스트를 읽는 것에 그치는 것이 아니라 '생각하는 책 읽기'를 하는 것이 중요하기 때문입니다. 평상시에 책을 읽을 때 지속적으로 자신의 생각을 대입해서 내용을 곱씹어 보는 자세를 갖도록 습관을 들여 주세요. 생각을 정리하면서 의견을 적어보는 서평 쓰기는 좋은 글쓰기에 시작이므로 책을 읽고 난 후에는 독후 활동으로 의견을 간단히 2~3문장이라도 적어보거나 아니면 그림을 그려보는 것을 추천합니다. 글을 쓰는 순간 깊은 사고를 해야 하기 때문에 아이의 뇌는 변하게 됩니다.

풍부한 단어 실력 또한 글쓰기의 중요한 요소입니다. 영어독서는 단어들이 마르지 않는 우물의 역할을 충분히 할 수 있습니다. 시중에 판매되는 많은 Writing교재를 보면 서론, 본론 결론을 근거와 함께 쓰도록 만들어져 있고 학원에서도 이러한 교재를 많이 사용하는데요. 충분히 배우고 생각을 정리하는 사고 과정이 없다면 이런 글쓰기는 뼈대만 세우는 연습이 됩니다. 이 보다는 충분한 독서와 아이의 생각을 자유롭게 쓰는 연습이 Writing의 실력을 높이는데 더욱 효과적입니다.

책의 내용에 대한 대화 나누기

'그 책 다 읽었어?, 아직 다 못 읽었어?' 이런 질문보다는 '이 책의 어느 부분이 좋아, 엄마도 알려줘'하면서 아이와 책에 대한 대화를 나누어 보세요. 저는 부모와 자녀의 대부분의 대화 소재가 책에 관한 것이면 좋겠습니다. 누군가가 나의 이야기를 경청해 준다는 것은 무척 좋죠. 책의 내용이 일부 틀리더라도 아이는 말하면서 책의 내용을 정리하게 됩니다. 글로도 쓰지만 말로도 책에 대한 아이의 생각을 표현하는 것은 좋은 글쓰기 습관에 도움이 됩니다.

아이의 의견이 부족해 보여도 지적하지 않도록 유의하세요. 아이가 편하게 말하도록 유도를 하면서 적절한 칭찬과 긍정적인 반응을 보이면 좋습니다. 부모가 아이가 읽은 책을 모두 읽어보지 못할 수 있습니다. 그럴 때도 부모는 책의 제목과 부제목을 훑어보면서 아이의 생각을 끌어낼 수 있으니 시도해보세요.

먼저 필독서 위주로 책을 읽도록 한다

좋은 글을 쓰기 위해서는 우수한 책을 많이 읽는 것이 필요합니다. 모두들 아시다시피 한국의 교육 상황 상 독서에만 집중할 수 있는 시기는 길수가 없습니다. 효과적인 독서교육을 위해 세계적으로 인정받은 책을 먼저 읽도록 하고 그 다음 자녀에게 필요하다고 여겨지는 전문 분야의 책을 읽는 것을 추천합니다. 책 선정에 실패하면 다른 책을 읽기 시작하는데 시간이 소요될 수 있고 슬럼프를 불필요하게 겪을 수도 있습니다. 독서교육 습관이 완벽히 형성될 수 있는 10년 중 5년 정도는 필독서를 통한 독서로 간접경험을 충분히 하는 것이 맥락 없이 아무 책을 읽은 것보다 효율적인 글쓰기에 도움이 됩니다.

좋은 글을 쓰기 위해서는 좋은 글을 많이 정리해 둔다

좋은 글귀는 노트에 기록하고 나중에 글쓰기를 할 때 활용하도록 하세요. 귀한 영어문구를 배우는 재미는 영어독서의 즐거움 중에 하나입니다. 좋은 글을 만났다는 것은 여간 설레는 것이 아니지요. 자녀가 정리해 둔 글귀는 후에 자녀의 가치관 형성에도 도움이 될 것입니다. 훌륭한 글귀를 활용하는 것은 영어에 대한 이해도가 높아지고 영어에 더욱 애착이 생길 수도 있습니다.

Writing은 원어민에게 꼭 첨삭지도를 받아야 하나요?

문법과 스펠링을 교정하면 완벽한 글이 만들어질까요? 아닙니다. 원어민에게 Writing을 교정을 받는다고 하면 대부분 문법과 스펠링만을 교정 받을 수 있습니다. 영어 작문은 본인 스스로 창작한 글이기 때문에 본인만의 글의 특성이 살아 있습니다. 글로 그 사람의 성격을 알아볼 수도 있죠. 그것은 그 사람만의 문체이기 때문입니다. 그 고유한 문체가 문법과 스펠링을 교정한다고 해서 우수한 Writing이 된다고 보기는 어렵습니다.

첨삭지도를 받았던 경험들이 있으시지요? 빨간 출혈처럼 수없이 보이는 오류들. 정말 영어글쓰기는 어렵고 험난한 여정이라는 것을 느꼈을 겁니다. 그 후에도 여러 번의 첨삭을 받아보면 글쓰기 능력이 많이 향상되던 가요? 첨삭을 많이 받는다고 해서 Writing 실력이 빠르게 성장하는 것은 아닙니다. 영어 토플 Writing을 교육한다고 하면 토플 형식에 맞는 내용만 교육을 받고 교정을 받을 수 있습니다. 아이만의 문체를 개발하고 글의 질을 향상시키는 것은 단순한 문법과 단어 교정, Test를 위한 Writing수업으로는 턱없이 부족합니다.

처음에는 단어의 사용이나 스펠링, 문법의 오류가 많겠지만 첨삭지도를 해주지 않아도 다양한 책을 읽으면서 서서히 정확하게 쓰는 법을 스스로 배우게 됩니다. 아이가 쓴 글을 스스로 반복해서 읽으면서 끊임없이 고치며 구조를 잡아야 완성된 훌륭한 글이 나옵니다. 영어독서를 통해 다양한 저자들의 문체를 경험하고 본인만의 글 색을 만들어서 성장시키는 것이 진정한 Writing의 실력이라고 생각합니다. 영어독서의 고급 레벨이 되면 첨삭이 필요한 단계가 오게 됩니다. 그때 집중적으로 교정을 받으면서 성장하도록 도와주세요.

● 영어 Writing을 위한 다양한 글쓰기

■ Book Reviews: 영어 원서를 읽고 줄거리나 의견을 정리해서 쓰기

■ Mini Book: 책 내용을 정리해서 나만의 Book을 만들기

■ Diary: 영어 그림일기나 영어일기 쓰기

■ Daily Free Memo: 매일 나만의 문장을 1~2개 쓰기

  (오늘 있었던 일과 느꼈던 일, 내일 할 일, 좋은 명언 등)

■ Friendly Letters: 작가, 책 주인공, 친구, 가족 등에게 보내는 편지 쓰기

■ Poster: 영어 원서에 관련된 정보를 포스터로 제작하기

■ Personal Essay: 나의 생각과 느낌, 일상에 대한 이야기를 자유롭게 쓰기

■ Research Document: 배운 내용에 대한 추가 자료를 조사하여 정리하기

■ Fiction Short Story: 작가가 되어 단편 소설 쓰기

■ Persuasive Writing: 논리적으로 주장을 펴는 글쓰기

● 영어 Writing을 효율적으로 지도하는 비법

1. 글쓰기 횟수와 시간을 정해 두기

2. 다양한 글쓰기 종류를 활용하기

3. 처음에는 5분 쓰기를 하다가 시간을 점차 늘리기

4. 늘 반복했던 문구 말고 새로운 문구 쓰기를 시도했다면

   구체적으로 칭찬하기

5. 모든 글을 보관해두고 이전 글과 비교하도록 유도하기

6. 좋은 문구나 단어를 정리해 두도록 하기

7. 꾸준히 하기 & 기다려 주기

9

Speaking과 Writing의
완결판, 영어 Debate도전

나의 말이 다른 사람의 인생을 바꿀 수 있다

영어 토론은 영어를 정복하는 가장 강력한 수단이자 통로이다.

Think Smart, Talk Smart, Win Smart

– 우에다 이치조, 쓰마토리 치즈코(2004)

세계를 무대로 꿈을 펼치고자 하는 청소년들이 한 번쯤 도전해 본다면 생각지도 않았던 부가가치가 토론을 통해 충만하게 얻어질 것입니다. 국내 문제, 외교 문제, 세계정세 문제, 환경, 의학, 또는 교육 문제 등 다양한 주제를 깊이 있게 연구, 조사하고 논리적인 맥락으로 설득할 수 있는 능력을 배울 수 있습니다. 영어 토론은 앞으로 많은 경험을 하게 될 학생들이 바람직한 가치관을 갖도록 하고 스스로 고민하고 해결책을 찾을 수 있도록 도와줍니다. 그러나 선뜻 우리 아이가 영어 토론을 할 수 있을까? 라는 생각이

들기도 합니다. 한국에는 토론 문화가 보편화되어 있지 않고 영어 실력도 부족한데 토론을 한다는 것이 가능할까하는 의구심이 들 수 있습니다.

우에다 이치조, 쓰마토리 치즈코(2004)의 책 [잉글리시 디베이트 논리적 영어토론 시크릿]에 보면 다음과 같은 글이 있습니다.

Argument를 직역하면 '논쟁'을 떠올리기 쉽지만, 사실상 '명확한 이유를 들어 상대를 설득한다.'라는 뜻이 있으며 이는 토론, 협상, 재판 등에서 매우 중요한 요소이다. 동양인들은 서양인들에 비해 이 argument능력이 부족해서 흑백논리를 전개해 반론을 하거나, 상대를 제대로 persuade(do something by giving good reason for doing it, 설득)하지 못한다. 말을 해도 일관성이 결여되거나, Yes인가 했더니 No로 바뀌거나, 근거로 제시하는 이유가 빈약하며 반론(counterargument)도 논점이 빗나가면서 논의가 난항을 겪는 경우가 흔하다.

이는 언어권의 차이에 따른 문화적 차이, 즉 언어문화(languaculture)의 차이에 기인하는 것이다. 따라서 국제사회에서 통용되는 영어 발화능력을 익히기 위해서는 자국어의 languaculture에서 기인한 고정된 사고(mindset)를 버리고, 문화 충격이나 타 문화의 벽을 넘고자 하는 진지한 노력이 요구된다. 영어권 사람들은 상대방에게 자신의 의견이 타당하다는 것을 나타내려고 한다. 그들은 기본적으로 객관적인 증거를 바탕으로 논쟁을 하고, 자기 의견의 우위성을 상대방에게 이해시키려고 한다. 그런데 동양권은 감정 중심, 윤리 중심으로 이야기를 진행하며, 객관적인 근거를 토대로 이야기를 하는데 서툴다. 영어 발화력이 약한 것은 영어표현력에서 보다는 이러한 '논리적 분석 &설득력'이 약한 점이 커다란 요인이다.

이 글에 저는 공감합니다. 우리의 자녀들이 언어와 문화적인 것이 걸림돌이 되어 글로벌화 되기 힘들다는 것은 참을 수 없습니다. 이미 세계 영어토론 대회에서 한국의 아이들이 높은 성취도를 보이고 있는 만큼 자신감을 가지고 도전하기를 권유 드립니다. 물론 영어 토론을 배우는 과정은 쉽지만은 않습니다. 그러나 모방과 꾸준한 연습으로 실력을 다질 수 있습니다.

영어 토론은 경청하며 생각하는 능력을 키우면서 영어 실력도 자연스럽게 높일 수 있고 준비 과정에서 책임감과 배분의 중요성도 배울 수 있습니다. 논리력과 배경지식을 쌓기 위해서는 다독이 필수적이기 때문에 결국 영어토론은 영어독서교육의 결정체라고 할 수 있죠. 영어 실력과 토론 능력은 자신의 노력에 어느 정도 비례해서 성장하기 때문에 노력만 한다면 성취감을 맛볼 수 있습니다. 학생들에게 영어 토론이 힘들지 않은지 물어볼 때마다 학생들은 준비 과정이 쉽지는 않지만 노력한 만큼 상대팀을 반박하는 논리력이 향상되기 때문에 토론 수업을 할 때마다 갖고 있던 스트레스가 풀린다고 대부분의 학생들이 말합니다. 이처럼 영어 토론은 중독성이 있기 때문에 한 번 빠지면 수업 내에서 뿐만 아니라, 국내 영어토론대회나 국제 영어토론대회까지 지속적으로 도전하게 되는 동기부여 효과까지 볼 수 있습니다.

매번 영어 토론에서 성공할 수만은 없습니다. 그러나 좌절은 새로운 도약의 신호탄이 되어 다시 일어서게 하는 강인함을 키워 줍니다. 대중 앞에서 토론을 승리로 이끌어 내기 위해서는 저돌적인 열정과 무한 자신감으로 무장해야 하기 때문에 이 점 또한 토론의 강점 중 하나라고 할 수 있습니다. 다른 학생들의 Model 토론 장면을 관찰, 분석하고 나의 시행착오를 메모하면서 변화하기 시작하며 철저히 자료를 분석하면서 배움의 매력에 빠지게 됩니다. 주제탐구능력, 논리력, 발표력을 향상시킬 수 있는 영어 토론은 당연히 모국어 커뮤니케이션능력도 끌어 올릴 수 있습니다.

평상시에 다독과 함께 TED와 같이 세계적인 다양한 전문가들의 프레젠테이션을 무료로 볼 수 있는 프로그램을 활용하거나 CNN이나 BBC뉴스를 시청하고 영자 신문, 영자 잡지를 읽도록 제공해 주세요.

다양한 유형의 지식을 조사하고 분석하기 때문에 여러 유형의 글을 본인의 Writing에 반영시킬 수 있어서 Writing실력 또한 향상될 수 있습니다.

저는 아이들이 몰랐던 지식을 습득하며 새로운 친구와의 만남을 통해 협동심을 기르고 문제의 해결 방안을 찾기 위해 고심하는 모습을 보는 것만으로도 그렇게 기쁘고 행복할 수가 없었습니다. 원어민의 영어토론 연구수업을 진행하면서 저 스스로도 수업에 대한 평가를 해야 하는데 토론의 주제에 푹 빠져서 의견을 내고 토론을 하고 있더라고요. 왜 아이들이 영어토론을 즐길 수 있는지 알 수 있는 대목입니다. 토론의 논리적인 사고방식은 토론을 뛰어넘어 일상생활에서도 매우 유용하게 쓰이는 매력적인 경험이 됩니다.

우리 아이가 다독을 통해 축적된 지식을 바탕으로 수준 높은 영어 토론실력을 장착하여 미래의 세계 인재들과 당당하게 교류할 수 있도록 성장시키는 것을 목표로 영어 독서교육에 임하시길 바랍니다. 영어 토론교육은 한국의 입시 지옥에 휩싸이기 전에 영어 독서를 충분히 해야 가능하기 때문에 영어 독서교육을 적기에 시작하는 것이 유리합니다.

10

학원 도움이 필요할 때는 도움을 받는다

영어 독서교육의 뉴베리수상작이나 소설을 읽는 심화과정에 올라왔을 즈음 아이가 집중적으로 완성해야 할 특정 영어영역이 있을 때는 그 목적에 맞는 학원의 프로그램을 수강하는 것도 괜찮습니다. 수업 프로그램을 사전에 점검하고 기간과 수업 내용들을 알아보는 것이 좋습니다.

부모는 아이와 함께 무엇을, 어떻게, 어느 정도를 배우면 좋을지 계획을 먼저 세우는 것이 필요합니다. 그 학원의 어떤 선생님이 어떻게 수업을 하는지 확인하고 원했던 기간 안에 어느 정도의 성과가 있을지 심도 있게 상담을 진행하세요.

영어토론수업을 위해서는 충분히 한글책을 읽고 다방면의 배경지식을 지니고 있어야 하며 기본적으로 Speaking과 Writing이 무리 없이 가능한 경우에 시작하는 것이 좋습니다. 토론 상대팀의 의견을 경청한 후 반박할 의견을 준비해야 하기 때문에 단어, 듣기 실력 또한 소설 읽기 단계에 올라와 있는 것이 유리합니다.

영어 토론 수업의 질은 선생님의 수업 운영능력에 의해 좌우됩니다. 수강 전에 선생님의 수업운영방식과 피드백방식 등의 정보를 얻고 시작하기를 권유 드립니다.

Part 6

영어 독서는
책 선택이 8할이다!
영어독서 전문가가 선정한
Best of Best

AR이란?

　Accelerated Reader의 줄임말이며 미국 학생들의 읽기 실력을 학년 수준으로 분류한 지수입니다. 미국의 르네상스(Renaissance)사가 30년 간 100만여 권의 도서를 분석하고 해당 도서를 읽는 3만 명 이상의 학생 데이터를 분석해서 만들었습니다. 현재는 미국뿐만 아니라 전 세계에서 사용되고 있는 리딩지수입니다. 작은 미국 도시의 초등학교 선생님이 자녀의 독서교육을 하기 위해 시작한 AR이 이렇게 성장했다니 정말 부럽습니다. 르네상스라는 회사가 궁금해지는데요. 르네상스회사의 철학은 다음과 같습니다.

Renaissance's purpose is grounded in these core beliefs: We believe everyone can be a successful learner. We know that learning is a growth process: a continual journey from year to year, and for a lifetime. Core to this belief is beginning the journey to a love of reading early, and empowering students and teachers with a vast variety of books to enjoy.

　AR Book level은 영어를 처음 시작할 경우 0.1부터 고등학교를 졸업할 즈음 고급 레벨이 되는 12.0까지 숫자로 표시되며 정수는 학년, 소수는 해당 학년의 달을 의미합니다. 예를 들면, 3.6은 3학년의 6번째 달에 읽으면 좋은 책이라는 의미입니다. 이 AR

숫자는 책 수준(ATOS Book levle)을 나타내는 평균 문장 길이, 평균 단어 길이, 단어 난이도, 책의 길이, 퀴즈를 통한 읽기 능력 (Reading Level) 그리고 아이의 나이 대에 적절한지를 보여주는 내용적 수준(Interest Level)을 고려하여 평가된 것입니다.

Lexile(렉사일)지수란?

메타 매트릭스(MetaMetrics)라는 연구 기관에서 개발한 미국 공인 독서능력을 평가하는 프로그램으로, 이 또한 전 세계적으로 활용이 되고 있습니다. 과학적인 프로그램으로, 읽기 능력과 Text 의 복잡성을 측정하며 미 전체 50개 주에서 3500만 명 이상의 학생들이 Lexile 측정을 받고 있어서 보편성으로 보면 최고의 신뢰도를 자랑하고 있습니다. 미국에 유학 또는 어학연수를 가게 될 때, 한국 내에서 만약 800L을 읽었다고 미국학교 선생님에게 말하면 어느 정도의 리딩 능력을 가지고 있는지 이해가 될 정도로 보편적으로 통용되는 지수입니다.

한국 아이들이 AR과 Lexile지수에 맞지 않을 수도 있다?

방대한 양의 영어 원서를 읽을 때 AR과 Lexile지수를 활용할 수밖에 없는 것은 맞습니다. 그러나 미국의 원어민 아이들을 위해 만들었기 때문에 다양한 인종 관련, 역사, 사회, 가치관, 경제상황 등의 차이와 정서적, 문화적 차이로 인해 공감할 수 있는 범위가 다를 수 있습니다. 특히, 개인주의, 이혼, 흑인 문제, 인디언, 성적인 문화 등의 주제는 한국과는 상이할 수 있기 때문에 단순히 AR

과 Lexile의 지수에만 의존한다면 우수한 책 선정에 실패를 할 수도 있습니다. 인터넷에 책에 대한 정보를 검색할 때 책 정보도 읽어보고 책의 내부를 볼 수 있는 사진도 점검하면서 아이가 충분히 흥미롭다고 느낄 수 있는 책을 선정해주세요.

Accelerated Reader to Lexile Conversion Chart

AR	Lexile		AR	Lexile
1.1	25		3.9	675
1.1	50		4.1	700
1.2	75		4.3	725
1.2	100		4.5	750
1.3	125		4.7	775
1.3	150		5.0	800
1.4	175		5.2	825
1.5	200		5.5	850
1.6	225		5.8	875
1.6	250		6.0	900
1.7	275		6.4	925
1.8	300		6.7	950
1.9	325		7.0	975
2.0	350		7.4	1000
2.1	375		7.8	1025
2.2	400		8.2	1050
2.3	425		8.6	1075
2.5	450		9.0	1100
2.6	475		9.5	1125
2.7	500		10.0	1150
2.9	525		10.5	1175
3.0	550		11.0	1200
3.2	575		11.5	1225
3.3	600		12.2	1250
3.5	625		12.8	1275
3.7	650		13.5	1300

Source:

Chehak, Ms.. "Reading Conversion Charts." Lexile AR DRA Guided Reading Conversion Chart . 12 Nov. 2005. Charlotte County Public Schools. 19 Apr. 2007
<http://sje.ccps.k12.fl.us/staf f/chehak/l AR>

● AR숫자는 미국 학년과 대비해서 볼 수 있지만 Lexile지수는 숫자가 커서 활용하기 어려울 수 있는데요. Lexile지수는 초등학교 저학년은 500L정도, 고학년은 1000L까지, 중,고등학생은 1000L이상 이라고 정리해 두면 됩니다.

2

Best Picture Book(픽쳐북)

Picture Book이란?

Picture Book은 근세 유럽에서 어린이들을 효과적으로 교육시키기 위해서 고안된 그림을 담은 책을 말하며 코메니우스(J.A. Comenius)에 의해서 시작된 것입니다. 어린이들은 지적으로 미발달된 상태에 있기 때문에, 어떤 사물이나 현상을 언어로써만 기술하기보다는 그림을 병행하여 기술하는 것이, 어린이들이 그 사물이나 현상을 이해하는데 훨씬 효과적이어서 그림책이 오늘날에도 많이 쓰이고 있습니다. 루터(M. Luther)·프뢰벨(F.W.A. Fröbel)등이 근세 유럽의 어린이교육에서 그림책을 제작 이용하였습니다.

픽쳐북 읽기는 그림 독서부터 재미있게 시작하여 독서의 기본을 쌓일 수 있습니다. 반복되는 단어와 표현은 문장을 만들 수 있는 실력으로 성장하게 되며 세계의 여러 나라의 문화를 미리 만나볼 수 있는 재미있는 경험을 할 수 있습니다. 저명한 작가나 삽화가와의 만남을 통해 창의력과 사고력이 함양될 수 있고 남을 배려하는 교육적인 내용들을 접하게 되기 때문에 인성교육 또한 가능합니다.

낱권 픽쳐북의 힘, Best 픽쳐북 3 Steps

픽쳐북은 난이도 별로 3단계로 List-up 했습니다. 이 책들은 워낙 인지도가 높고 칼데콧수상작, 케이트 그린어웨이상, York Times Best Seller등을 수상했으며 학교나 도서관의 교육 전문가들도 우수성을 인정했습니다.

픽쳐북 읽기는 영어독서를 처음 시작하는 시기이며 책 조사 및 구매, 또는 비용, 자녀의 흥미도, 그리고 부모의 읽기 준비 등 많은 것을 신경 쓰는 단계입니다. 그래서 다른 종류의 책들보다 자세하게 설명했습니다. 알파벳부터 알아야 영어독서를 할 수 있다고 생각할 수 있지만 처음부터 지루하게 알파벳 책을 집중적으로 읽을 필요는 없습니다. Step 1에서는 소리, 그림, 색감, 촉감 그리고 문자 등을 다양하게 접할 수 있도록 하고 Step 2에 가서 알파벳 책을 봐도 괜찮습니다.

● 주의사항

영어원서에는 초콜릿, 파이, 젤리, 쿠키, 사탕, 핫초콜렛 등의 당도 높은 음식들이 많이 등장합니다. 아이들이 책을 읽으면 부모에게 이와 같은 음식을 요구할 수도 있으니 주의하시고 적절하게 식습관을 유지해주세요.

부모들을 헷갈리게 하는 책 종류들 - 토이북, 플랩북, 팝업북, 보드북, 페이퍼북, 포켓북

다양한 형태의 책이 제작되고 있지만 어떤 책이든 상관없습니다. 작든, 크든, 빳빳하든, 또는 튀어나오든 상관없이 다양하게 읽히면 됩니다. 책 구매도 쉽지 않은 과정이기 때문에 책의 형태까지 고민하면 구매 시부터 지칠 수 있습니다.

Picture Book Step 1

◼ 특징: 그림 위주로 독서를 하고 그림으로 책의 내용을 70%정도 이해 할 수 있는 책, 아이가 그림을 유심히 볼 수 있도록 충분한 시간을 주어야 합니다.

.

Eric Carle(에릭 칼) 의 픽쳐북 시리즈

대표적인 픽쳐북으로써 Eric Carle의 전집 59권에는 픽처북 Step 1,2,3이 모두 포함되어 있습니다. 자녀의 취향에 맞게 다양하게 읽혀주면 좋습니다. 글의 내용보다 삽화의 색감과 형태에 감탄하지 않을 수 없습니다. 툭툭 붓으로 그린 그림은 평면적이고 거칠지만 생동감이 느껴집니다.

Anthony Browne(연서니 브라운)의 픽쳐북 시리즈

다수의 수상이력이 있는 Anthony Browne은
Eric Carle만큼의 많은 양의 시리즈는
아니지만 글과 그림 모두 상당히
다양하고 흥미롭게 써졌습니다.
디테일한 그림도 있고 만화 같은
단순한 그림도 있습니다. 그러나 단순한
그림도 묘사력이 상당히 뛰어납니다.

Bear about town by Stella Blackstone

곰이 주인공이며 마을의 모습이 무척
친근합니다. 장소관련 단어학습이
가능하고 그림이 온화합니다. 다양한
소재가 페이지에 꽉 차도록 많아서
볼거리가 많습니다. 풍부한 색감으로
인해 눈 신경이 자극되어 뇌기능의 발달에
도움이 됩니다.

It Looked Like Spilt Milk by Charles Green Shaw

단순한 칼라이며 형태를 유심히 보는
재미가 있고 기본 단어를 습득할 수
있습니다. 답일 것 같은데 정답이 아닌
경우가 있어서 아이가 지속적으로
책에 몰입하게 됩니다. 파란색과 흰색이
집중력을 높여줍니다.

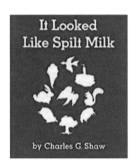

Dear Zoo 플랩북 by Rod Campbell

아이들이 관심이 많은 동물과 동물원을
소재로 플랩북으로 만들었기 때문에
무척 흥미롭습니다. 동물의 이름과
특징을 표현하는 형용사를 정확히
배울 수 있습니다. 깔끔한 원색을
활용해서 밝은 분위기를 풍기고 단순해서
문장과 단어에 집중할 수 있습니다.

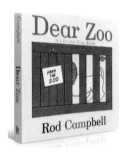

David Shannon의 David시리즈 : 칼데콧 수상작

삽화의 질이 상당히 우수하여 성인이
봐도 작품성에 깜짝 놀라게 됩니다.
삽화의 모든 부분을 상세히 보도록
시간을 충분히 주세요. 어린 아이들이
배울 수 있는 교훈이 숨어 있습니다.
일상생활에 관련된 주제를 다루고
있어서 관심도를 높일 수 있습니다.

GOODNIGHT MOON by Margaret Wise Brown

칼라와 흑백을 적절히 사용하여 집중도를
높입니다. 방안에 있을 법한 다양한
사물의 이름을 배울 수 있고 그림들은
상상력을 높여줍니다. 사물의 단위를
배우며 반복되기 때문에 익숙해질
수 있습니다. 잠자리에서 읽어주면
효과가 좋은 책이며 음운을 맞추는
Rhyme을 배울 수 있습니다.

Rain by Robert Kalan

날씨와 사물, 색에 대해 집중적으로
배울 수 있습니다. 빗방울을 'Rain'으로
표현한 작가의 상상력이 아이의
머리와 마음을 촉촉이 적셔줄 수 있는
책입니다. 마치 빗속에 함께 있는
기분이 들며 소재의 묘사가 간결하고
원색과 무채색을 골고루 사용한 덕에
'Rain'에 더욱 몰입하게 됩니다.

Duck! Rabbit! by Amy Krouse Rosenthal

무척 간결한 책이지만 생각을 하도록
만드는 책입니다. 사람들이 보는
시각들이 다를 수 있음을 배울 수
있고 본인의 의견을 말하는 연습의
시작이 될 수 있습니다. 결론이
궁금해서 마지막 장까지 보게 되는 책입니다.

A Color of his own by Leo Lionni

색에 대해 자세히 배울 것 같지만
그 이상입니다. 다른 동물과 비교해서
못마땅한 점을 표출합니다. 인간들이
자신에 대한 만족하지 못하는 것처럼.
불만족스러운 상황에 다른 카멜레온을
만나서 친구가 되어 안정감을 찾는

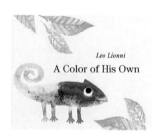

내용은 사회성을 키울 수 있는 장점을 가진 책입니다.

GOOD NIGHT, GORILLA by Peggy Rathmann

Zoo keeper와 그의 아내의 다정한
모습에 감동을 받게 됩니다. 동물들과
자연스럽게 생활하는 모습에 친근감이
느껴집니다. 영리한 고릴라의 태도는
인간의 모습을 대변하는 것 같습니다.
Zookeeper와 그의 아내의 뒤를 따라서
움직이는 동물들을 보면 웃음이 나오고
독자를 보며 입에 손가락을 대며 '쉬~'하는
모습은 마치 실제로 대화하는 느낌입니다.

Peppa Pig

친근한 돼지가족의 모습이 귀엽고
간단한 문장으로 일상생활에 필요한
단어를 배울 수 있습니다. 책은 쉽지만
유명한 Peppa Pig 유튜브 동영상은
다소 문장이 빠르고 길기 때문에
픽쳐북을 먼저 다양하게 본 후 영상을
접하는 것이 좋습니다. Peppa Pig의 파닉스
책도 있습니다.

EACH PEACH PEAR PLUM by Jesica Ahlberg

Rhyme을 배울 수 있고 삽화가
뛰어납니다. I Spy가 반복되며
단어학습이 가능합니다. 다양한
Rhyme 연습을 하면서 반복된
자음을 정확히 이해할 수 있습니다.
시골 농장의 장소에 관련된 단어를
배울 수 있고 따뜻한 삽화의 분위기가
차분한 정서발달에 도움이 됩니다.

GO AWAY, BIG GREEN MONSTER! by Ed Emberley

아이들이 좋아할 몬스터가 소재이며
얼굴의 다양한 용어를 배울 수 있습니다.
검은 칼라가 주를 이루고 몬스터를
물리치는 문장이 등장하는데요. 책 속에
구멍이 있어서 신체부위를 재미있게
스스로 익힐 수 있습니다.

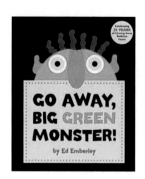

Picture Book Step 2

I SPY An Alphabet In Art by Micklethwait, Lucy

명화를 감상하며 알파벳을 배울 수
있습니다. 알파벳이 들어간 단어를 생각
하며 숨은 그림 찾기를 해야 하기
때문에 흥미롭게 알파벳과 단어학습을
할 수 있습니다. 아이들이 명화를 제
대로 감상하기 힘들기 마련인데 숨은
그림 찾기를 해야 하니 명화의 구석구석을
자세히 봐야하는 스마트한 방법이
접목된 책입니다.

KNOCK KNOCK Who's There? by Sally Grindley

문장은 5줄 정도로 길지만 반복이
되고 등장인물을 소개하는 흥미로운
단어를 많이 접할 수 있어서 단어와
문장학습을 효율적으로 할 수 있습니다.
온화한 그림이 정서발달에 도움이 됩니다.

Jon Klassen의 칼데콧 수상작 4종

말이 필요 없는 소장각. 삽화의 칼라감에
입이 떡 벌어집니다. 글의 전개는 다음
페이지를 넘기고 싶을 정도로 흥미로우며
무척 교육적입니다. 문장이 간결하고
그림도 단순하지만 Step 2에 넣은 이유는
책을 덮고 차분히 생각에 잠겨야 하기
때문에 픽쳐북에 적응이 된 아이들이
이 책의 가치를 제대로 알고 흡수할 수 있을
것 같아서입니다.

Clifford's 시리즈 by Norman Ray Bridwell

사랑스러운 큰 빨강 개가 나오며 사람들과의
크기면 에서 큰 차이를 보이기 때문에
삽화를 유심히 보게 됩니다. 강아지처럼
귀여운 행동도 하지만 현명하고 교육적인
모습을 보여주기 때문에 인성교육에
효과가 있습니다. 그림으로 대략적인 내용을
이해할 수 있지만 복합 문장이 나오기도 합니다.

WHERE THE WILD THINGS ARE by Maurice Sendak

아이들의 상상력을 자극하는 그림이
일품입니다. 일상생활에서 벗어나
재미있는 모험을 하는데 다시 일상을
그리워하며 돌아오는 내용으로 읽는
내내 흐뭇합니다. 2줄의 문장이
지속적으로 나오지만 반복되기 때문에 여러 번
읽어주면 문장에 쉽게 익숙해질 수 있습니다.

Suddenly! by Colin McNaughton

배가 불룩한 귀여운 돼지새끼의 이야기며
늘 미소를 입에 머금고 다닙니다. 그림
만으로도 70%는 이해가 되지만 문장이
특히 좋으니 여러 번 읽어 주길
바랍니다. 늘대와 함께 있지만 이들은
다른 세상이 있는 느낌이 듭니다.
Suddenly단어는 완벽하게 배울 수 있는 책.
통쾌한 이야기가 이어지다가 마지막에 반전을
만나게 됩니다. 엄마 돼지의 모습과 그림자를
열심히 비교하게 되는 책입니다.

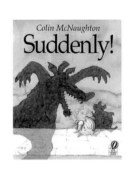

THE CROCODILE WHO DIDN'T LIKE WATER by Gemma Merino

삽화도 우수하지만 몰입감이 엄청난
책입니다. 악어가 물을 싫어하다니
여간 걱정이 아닙니다. 결과가 무척
궁금해지는 책. 이 귀여운 악어가
행복해질 수 있는 방법이 있을까요?

있습니다. 아주 멋지게 마무리가 됩니다.
약간 미스터리한 분위기와 은은한 톤의
그림이 서로 잘 어울립니다.

Little blue and little yellow by Leo Lionni

그림이 무척 단순하여 Step 1같이
보이는 책이지만 문장을 읽고 이해해야
하기 때문에 Step 2에 넣었습니다.
주요색에 대해 배우게 되며 색이
섞였을 때 어떤 색이 되는 지까지 알 수
있습니다. 가족에 관한 이야기는 한순간
찡하기도 합니다. 부모도 자식에게서
배우게 될 수도 있다는 것을 알려주면서
마무리됩니다.

THE WATERMELON SEED by Greg Pizzoli

수박을 먹을 때 날 수 있는 의성어를
배울 수 있습니다. 욕심을 부리다가 뒤에
뉘우치는 모습을 보이며 발생할 수
있는 문제에 대한 고민을 하게 됩니다.

그러나 조심하기로 했는데 결말은 예상과
다른 모습을 보이며 끝나기 때문에
아이와 함께 결말에 대한 이야기를
나누는 시간을 가지면 좋습니다.

I SPY시리즈 by Jean Marzollo

다양한 사물을 화려하거나 몽환적인
사진으로 감상할 수 있으며 그 퀄리티는
성인들도 놀랄 정도입니다. 여러
콘셉트로 분류되어진 다양한 사진들
속에서 단어를 숨은그림찾기로 찾아야
합니다. 많은 양의 단어 학습이
가능하므로 여러 번 반복하게 되면 장기
기억으로 연결될 수 있습니다.

Maisy 시리즈 by Lucy Cousins

만화 같은 그림에 원색을 사용한 화려한
삽화가 관심을 끕니다. 글씨가 크고
귀여운 것이 특징입니다. 아이들이 쉽게
읽을 수 있는 큼직한 글자체와 글 간이

다른 책에서는 보기 힘든 요소입니다.

일상 이야기라 재미있게

공감하며 읽을 수 있습니다.

Picture Book Step 3

The Story of the Little Mole who went in Search of Whodunit by Werner Holzwarth

두더지가 황당한 일을 당하면서 주변

동물들을 만나는 장면이 흥미롭습니다.

반복되는 문장이 내용을 쉽게 이해할

수 있도록 합니다. 의성어와 의태어를

배울 수 있고 그림만으로도 충분히

흥미를 느낄 수 있습니다. 귀여운

두더지의 위트 있는 대사와 삽화는

정말 세계 최고의 Best seller가 될 만합니다.

Kitten's First Full Moon by Kevin Henkes

흑백의 책이 이렇게 화려할 수가 없습니다.

새끼 고양이의 행동이 충분히

이해가 가며 아이들이 상대방을 이해하는

공감능력이 자랄 수 있고 행복은
정말 주위에 있음을 깨달을 수
있습니다. 칼데콧 수상작이며 짧지만
영감을 주기에 충분합니다.

Mo Willems의 The Pigeon시리즈

간결한 비둘기그림이 대표적인
책입니다. 표지만 보면 지루할 것
같은데 글씨의 크기가 다양하고
페이지마다 다른 패턴의 그림이
시각을 자극합니다.
글의 내용 또한 귀엽고 공감이
가는 재미있는 이야기로 가득합니다.
화려한 픽쳐북을 많이 보게 되는데
이 시리즈는 무채색임에도 불구하고 무척
역동적입니다.

CLICK, CLACK, MOO Cows That Type by Doreen Cronin

농장 동물들이 파업을 하는 내용은

정말 놀랍습니다. 자녀의 사회성을
키우고 남을 설득하며 타협하는
능력을 가르쳐줍니다. 상상할 수
없었던 일을 소재로 하기 때문에
흥미롭지 않을 수 없습니다. 담백한
수채화 같은 삽화는 농장의 모습을
상상하기에 충분합니다. 현명한
동물들을 보며 주위의 모든
생명체에 대한 소중함을 배울 수 있습니다.

Fly Guy by Tedd Arnold

파리가 애완동물이 되어 친구처럼
지내는 내용입니다. 파리에 대한
부정적인 생각이 없어질 정도로
Fly Guy는 귀엽고 영리한
모습으로 나옵니다. 그림이 화려하고
스토리의 구성이 알차기 때문에
읽기에 집중할 수 있습니다.
또한 일상생활의 소재가 친근감을 느끼도록 해줍니다.

John Patrick Norman McHennessy, the boy who was always late by John Burningham

아이의 상상력을 자극하는 책으로
페이지마다 글자가 2줄~6줄까지
있지만 그림이 주를 이루고 있고
문장은 반복되기 때문에 읽기에
어려움이 없습니다. 아이들을
이해하지 못하는 어른의 모습을
볼 수 있고 아이들이 자신의 의견을
정확히 말하는 장면도 있습니다.

아이는 재미있게 읽을 수 있지만 어른들은
자신을 돌아보며 생각에 잠겨야 하는
책입니다. 책이 시작되는 속지에 아이가
손으로 쓴 글이 책의 내용을 예상하도록
합니다. 같은 문장이 반복되는데 그냥
무심코 읽게 되는 매력이 있습니다. 결국 오타발견. 오타를
발견하는 재미가 쏠쏠하니 아이와 함께 찾아보세요.

LLama LLama red pajama by Anna Dewdney

자녀에게 좋은 습관을 만들어 줄 수
있는 책입니다. Rhyme과 함께
익숙하지 않는 단어가 등장하지만
삽화가 워낙 사랑스럽고 표현력이
좋아서 재미있게 빠져들 수 있습니다.
동물이 주인공이라 친근감을 느낄
수 있고 표정이 디테일하여 공감하기
쉽습니다. 화려하지만 편안한 색감이
매력적이고 시리즈로 모두 읽어도 좋습니다.
글 밥은 많지는 않으나 흥미적인 요소보다
아이가 배워야 할 교육적인 내용이 주를
이루고 있어서 Step 3에 넣었습니다.

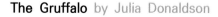

The Gruffalo by Julia Donaldson

숲속의 풍경이 눈을 시원하게 하고
맑은 공기가 느껴집니다. 5줄 이상이
되는 픽쳐북으로 현명한 쥐의 이야기를
통해 지혜를 얻을 수 있습니다. 문장

길이는 길지만 문장 패턴이 반복되고
있으며 어려운 단어가 없어서 읽기는
쉽습니다. 세계적인 그림책 작가 콤비
줄리아 도널드슨과 악셀 셰플러가
탄생시킨 캐릭터로 이미 한글책도
나와 있을 정도로 유명합니다.

IN THE NIGHT KITCHEN by Maurice Sendak

1970년에 출판된 책이며 풍부한
갈색 톤의 삽화에 압도당합니다.
아기가 밤하늘을 자유롭게 날아다니는
모습은 보는 것만으로도 마음이
편안해집니다. 모든 글이 대문자로
쓰여 있어서 알파벳을 알고
어느 정도 문장에 익숙해졌을 때
읽는 것이 좋습니다.

Sylvester and the Magic Pebble by William Steig

그림이 70%를 차지하지만 글자가
리더스북 수준으로 많습니다. 그림으로

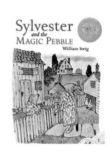

내용 이해는 할 수 있지만 글을 모두
이해하는 것은 힘드니 부모가 재미있게
읽어주고 스토리상 중요한 문장은
강조해서 여러 번 읽어주세요. 글 밥이
많은 책을 처음 접하는 기회를 가질 수 있습니다.

Dr. Seuss 시리즈 by Theodor Seuss Geisel

알파벳 & 파닉스 부터 리더스북 전
단계까지 다양한 난이도의 책이
있습니다. 유아기에 시작할 수 있는
가장 유명한 책 중에 하나이며
캐릭터삽화가 화려하지는 않지만 오
랜 시간동안 사랑을 받았습니다.
문장 패턴연습에 유용한 책입니다.

● 추천책 선정의 기준

칼데콧, 안데르센, 뉴베리수상작, 뉴욕타임즈 베스트 책, 미국, 영
국의 교사 그리고 도서관에서 추천한 Best교재들을 우선순위로 선
별했습니다. 제가 사설 영어 도서관을 운영하면서 수업에 활용했던
책이며 대부분의 책은 읽고 책의 특징과 서평을 SNS로 공유했습

니다. 너무 많은 책을 알려주면 무엇을 읽어야 할지 더욱 혼란만 가중될 수 있기 때문에 꼭 읽었으면 하는 명품원서들만을 선별하여 정리했습니다.

 Best 알파벳 픽쳐북

Dr. Seuss ABC
(글, 그림 Dr. Seuss)

Alphabatics
(글, 그림 Suse Macdonald)

Chica Chica Boom Boom
(글: Bill Martin Jr.
　　John Archambault,
　그림: Lois Ehlert)

Z is for Moose
(글: Kelly Bingham,
　그림: Paul O. Zelinsky)

3

Best Reader's Book(리더스북)

Reader's Book이란?

아이들이 처음 영어를 접해 거부감이 들지 않도록 도와주는 Picture Book과는 달리 삽화의 양이 줄고 완성된 긴 문장과 난이도가 높아진 단어들이 나오며 약 30~40페이지 정도의 길이로 쓰여 있습니다. 스토리가 만들어 진 경우가 많고 파닉스를 다루는 책부터 고전이야기까지 무척 다양한 종류의 리더스북이 있습니다.

Oxford Reading Tree

1~12Stage(단계)까지 있고 픽쳐북부터 단계적으로 학습할 수 있습니다. 1단계는 그림만 있기 때문에(적극 추천하지 않음) 1+Stage부터 3Stage까지 구매해서 읽혀도 좋습니다. 책 이름을 줄여서 ORT라고 말하며 가격이 만만치 않으니 3Stage까지만 구비하고 그 다음 단계는 도서관에서 대여해도 됩니다.

Learn to Read 시리즈

Can Read Book 시리즈 Level 3

Scholastic Reader 시리즈 Level 2

Ready to Read 시리즈
Henry and Mudge Level 2

Step into Reading 시리즈 Level 2

Usborne First Reading 시리즈

Fly Guy 시리즈 Little Critter 시리즈

Little Critter 시리즈

Arthur Starter 시리즈

Little Princess 시리즈

D.W. 시리즈 (Arthur)

Max and Ruby 시리즈

Clifford 시리즈

Peppa Pig 시리즈

Caillou 시리즈

Curious George 시리즈

I Can Read : Fancy Nancy

Can Read : Berenstain Bears

I Can Read Syd Hoff 시리즈

National Geographic Kids Level 1

Best 파닉스 리더스북

Usborne Phonics Readers

Sight Word Readers 시리즈

Clifford Phonics Fun 시리즈

I Can Read: Biscuit Phonics Fun

I Can Read: My Little Pony Phonics Fun

4

Best Chapter Book(챕터북)

Chapter Book이란?

Reader's Book과 달리 한 권의 책이 여러 Chapter들로 구성되어 있어서 챕터북이라고 불립니다. Chapter를 나누는 이유는 읽기에 집중할 수 있는 시간이 짧기 때문에 잠시 쉬어 갈 수 있도록 기회를 주기 위함입니다. Chapter마다 재미있는 다른 이야기들로 구성이 되어 있기도 하고 한 이야기가 이어져 있는 경우도 있습니다. 책의 페이지의 양은 보통 70페이지 전후이며 10권에서 150권의 다양한 Chapter Book시리즈들이 있습니다. 챕터북 초기에 읽으면 좋은 책을 표시에 두었으니 리더스북에서 챕터북으로 넘어갈 때 읽도록 해주세요.

Horrid Henry Early Reader   **Usborne Young Reading**

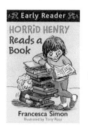
초기
챕터북

초기
챕터북

Winnie the Witch

초기
챕터북

My Weird School

Nate the Great

초기
챕터북

Junie B. Jones

초기
챕터북

Garfield

Captain Underpants

Stink

Nancy Drew and the Clue Crew

Dirty Bertie

초기
챕터북

Terry Deary's Historical Tales

Rules

초기
챕터북

Geronimo Stilton

초기
챕터북

Marvin Redpost

Judy Moody

Magic Tree House

Zack Files

A to Z Mysteries

Wimpy Kid

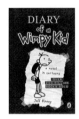

Best Book Best 과학 리더스북 & 챕터북

Let's Read and Find out

National Geographic Kids Level 1~3 단계

Scholastic Hello Reader 과학 Level 2

Franny K. Stein

Magic School Bus

Horrible Science

Best 위인전, Art북

위인전

Who Was ? 시리즈

Art북

Eric Carle(에릭칼)

SPY 시리즈

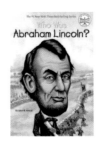

Willy's Pictures

Smart About Art 시리즈

5

세계에서 인정받은 아동, 청소년 문학상

세계적으로 저명한 수상작을 읽을 때 알아야 하는 몇 개의 권위 있는 상들이 있습니다. 금딱지나 은딱지들이 붙어 있는데, 보면 볼수록 궁금해지기 마련입니다. 책을 도서관에서 빌리거나 구매를 할 경우에 알고 있으면 도움이 되는 상들을 정리했습니다.

뉴베리상 Newbery Medal

미국에서 가장 오래 되고 권위 있는 아동 문학상으로 1921년 6월 21일 미국도서관협회(ALA)에서 매년 미국 시민이나 미국에 거주하는 사람의 작품만을 수상합니다. 독서에 대한 어린이들의 관심을 높이고, 아동 문학가들의 창작욕을 북돋우기 위해 제정되었습니다. '뉴베리'라는 이름은 18세기 영국의 서적상인 뉴베리(John Newbery)에서 유래되었으며 수상자에게 메달을 수여하기 때문에 뉴베리상보다는 '뉴베리 메달'로 더 알려져 있습니다.

칼데콧상 Caldecott Award

미국도서관협회(ALA)의 분과인 미국어린이도서관협회 (Association for Library Service to Children)에서 매년 여름 전년도 미국에서 출간된 창작 그림책 중 가장 뛰어난 작품에 수여하는 상입니다. 아동 문학 작가에게 수여하는 뉴베리상(Newbery Medal)과 함께 그림책의 노벨상이라고 불립니다. '근대 그림책의 아버지'라고도 불리는 19세기 영국의 예술가, 삽화가(1846~1886) 랜돌프 칼데콧의 이름을 땄습니다. 1971년부터 시상이 시작되었으며 청동색의 칼데콧 메달이 수여되고 후보작 1~5권의 그림책은 칼데콧 아너(Caldecott Honor Books)로 선정됩니다.

카네기상 Carnegie medal

영국의 아동 문학상 중 가장 오래되고 권위 있는 상으로 꼽힙니다. 앤드류 카네기를 기리기 위해 1936년 제정한 아동 문학상으로 영미 권에 2800여 개의 도서관을 지으며 도서관 보급에 크게 공헌한 스코틀랜드 출신의 미국 철강 재벌 앤드류 카네기(1835~1919)를 기리기 위해 1936년부터 수상자를 선정했습니다. 현재는 영국도서관협회(CILIP-Chartered Institute of Library and Information Professionals)에서 전 전해 9월 1일부터 전해 8월 31일까지 영국에서 처음으로 출간된 어린이, 청소년 도서 중 가장 훌륭한 작품에 수여합니다.

케이트 그린어웨이 상 Kate Greenaway Medal

미국에 칼데콧상이 있다면 영국에는 케이트 그린어웨이상이 있습니다. 케이트 그린어웨이(Kate Greenaway)는 19세기 영국에서 활동한 여성 일러스트레이터이며 상은 영국도서관협회(CILIP)가 주관하고 1955년부터 수상하고 있습니다. 예술성, 시각적 경험, 그림과 텍스트의 조화와 시너지 등의 기준에 따라 심사 후 최종 수상작을 선정합니다. 수상 작가로는 앤서니 브라운(Anthony Browne), 존 버닝햄(John Burningham) 'This is not my hat'을 쓴 존 클라센(Jon Klassen) 등이 있으면 존 클라센은 미국의 칼데콧 상을 2013년에 수상하면서 2관왕이 되었습니다.

한스 크리스티안 안데르센 상 Hans Christian Andersen Awards

안데르센 상은 국제 안데르센 상과 한스크리스티안 안데르센 상을 의미하며 국제아동청소년도서협의회(IBBY)에서 아동 문학에 지속적으로 기여한 글 작기 1명과 그림 작가 1명을 2년마다 선정하여 수여하는 국제적인 권위를 지닌 상입니다. 한 작품이 아니라 전 생애에 걸친 업적을 다루며 생존 작가에게 시상합니다. 19세기 덴마크의 동화작가 한스 크리스티안 안데르센의 이름에서 따왔고 수상자는 흉상이 새겨진 금메달과 증서를 받습니다. 안데르센 상은 다른 아동문학상과 달리 작가의 국적이나 언어에 대한 제한이 없습니다. 글이나 삽화의 미적, 문화적 수준이 뛰어남은 물론 아이들의 시각을 잘 반영하고, 호기심과 상상력을 크게 확장시킬 수 있다면 다양한 나라의 작가들도 수상자로 선정됩니다. 유명한 작가로는 모리스 샌닥(Maurice Sendak), 앤서니 브라운(Anthony Browne), 퀸틴 블레이크(Quentin Blake)등이 수상했습니다.

아동문학상을 맹신하지는 말자!

영미 권에서 선정한 문학 작품이기 때문에 정서적, 역사적, 그리고 문화적 차이가 있을 수 있습니다. 또한, 한국어를 모국어로 사용하는 우리 자녀와 영미 권 아이들의 언어적 수준의 차이가 있기 때문에 흥미를 느끼지 못하는 책들도 있습니다. 물론, 책의 작품성을 중요시 여기는 영미 권 아동문학상은 세계적인 권위를 지니고 있으며 주제가 교육적이고 유명한 작가나 삽화가의 작품이 많기 때문에 잘 활용하면 독서 교육에 확실히 도움이 됩니다. 아동문학상을 받은 책을 구매할 때는 사전에 우리의 정서에 맞는지 책 정보를 확인하고 아이와 상의하여 한 권씩 사서 읽는 것을 추천드립니다.

6

AR 단계 별 Best 뉴베리 수상작

AR 2~3점 대

Because of Winn-Dixie
by Kate DiCamillo

Sarah, Plain and Tall
by Patricia MacLachlan

The Whipping Boy
by Sid Fleischman, Peter Sis

Last Stop on Market Street
by Matt do la Pena, Christian

Roller Girl
by Victoria Jamieson

Doctor De Soto
by William Steig

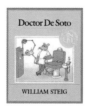

Crazy Lady!
by Jane Leslie Conly

El Deafo
by Cece Bell

Drama
by Raina Telgemeier

Crown: An Ode to the Fresh Cut
by Derrick Barnes, Gordon C. James

AR 4점 대

Holes
by Louis Sachar

Charlotte's Web
by E.B White, Garth Williams

Bridge to Terabithia
by Katherine Paterson,
Donna Diamond

Walk Two Moons
by Sharon Creech

Dear, Mr. Henshaw
by Beverly Cleary, Paul O. Zelinsky

Shiloh
by Phyllis Reynolds Naylor

Number the Stars
by Lois Lowry

A Wrinkle in Time
by Madeleine L'Engle

Maniac Magee
by Jerry Spinelli

Ella Enchanted
by Gail Carson Levine

Hello, Universe
by Erin Entrada Kelly

26 Fairmount Avenue
by Tomie dePaola

The Girl Who Drank the Moon
by Kelly Barnhill

On My Honor
by Marion Dane Bauer

The Year of Billy Miller
by Kevin Henkes

Kira − Kira
by Cynthia Kadohat

The Family Under the Bridge
by Natalie Savage Carlson,
Garth Williams

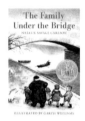

The Great Gilly Hopkins
by Katherine Paterson

The Inquisitor's Tale
by Adam Gidwitz, Hatem Aly

Feathers
by Jacqueline Woodson

The Ear, the Eye, and the Arm
by Nancy Farmer

AR 5점 대

The Hundred Dresses
by Eleanor Estes, Louis Slobodkin

Hatchet
by Garry Paulsen

Mr. Popper's Penguins
by RichardAtwater, Florence Atwater

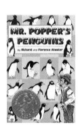

The Wednesday Wars
by Gary D. Schmidt

The Giver
by Lois Lowry

Ramona Quimby, Age 8
by Beverly Cleary, Jacqueline Rogers

The Graveyard Book
by Neil Gaiman, Dave MCkean

My Father's Dragon
by Ruth Stiles Gannett,
Ruth Chrisman Gannett

Bud, Not Buddy
by Christopher Paul Curtis

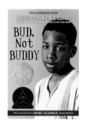

Ramona and Her Father
by Beverly Cleary, Jacqueline Rogers

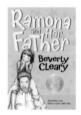

The House of the Scorpion
by Nancy Farmer

Dragonwings
by Laurence Yep.

AR 6점 대

A Single Shard
by Linda Sue Park

Stuart Little
by E. B White, Garth Williams

Princess Academy
by Shannon Hale

The Egypt Game
by Zilpha Keatley Snyder,
Alton Raible

7

초등 & 중등생을 위한 Best 소설

Roald Dahl 시리즈

Because of Winn-Dixie
by Kate DiCamillo

Charlotte's Web
by E.B White, Garth Williams

The Chocolate Touch
by Patrick Skene Catling

Frindle
by Andrew Clements

Dork Diaries
by Rachel Renée Russell

Ella Enchanted
by Gail Carson Levine

The Hundred Dresses
by Eleanor Estes, Louis Slobodkin

Dear, Mr. Henshaw
by Beverly Cleary, Paul O. Zelinsky

Holes
by Louis Sachar

Mr. Popper's Penguins
by RichardAtwater, Florence Atwater

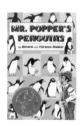

The Giver
by Lois Lowry

Harry Potter 시리즈
by J. K. Rowling

Pippi Longstocking
by Astrid Lindgren

Hoot
by Carl Hiaasen

Walk Two Moons
by Sharon Creech

Hunger Game 시리즈
by Suzanne Collins

Bridge to Terabithia
by Katherine Paterson, Donna Diamond

Ramona 시리즈
by Beverly Cleary, Jacqueline Rogers

The Wednesday Wars
by Gary D. Schmidt

The Whipping Boy
by Sid Fleischman, Peter Sis

The Courage of Sarah Noble
by Dalgliesh, Alice

River Boy
by Tim Bowler

The Hobbit
by John Ronald Reuel Tolkien

Alice's Adventures in Wonderland
by Lewis Carroll

Hatchet
by Garry Paulsen

Wizard of Oz
by L. Frank Baum

Shiloh
by Phyllis Reynolds Naylor

Lord of the Rings 시리즈
by John Ronald Reuel Tolkien

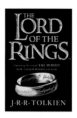

Wonder
by R. J. Palacio

The Adventures of Huckleberry Finn
by Mark Twain

Rules
by Cynthia Lord

Awful Auntie
by David Walliams

Demon Dentist
by David Walliams

The Ear, the Eye, and the Arm
by Nancy Farmer

Bud, Not Buddy
by Christopher Paul Curtis

Number the Stars
by Lois Lowry

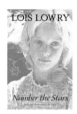

The Family Under the Bridge
by Natalie Savage Carlson,
Garth Williams

The Old Man and the Sea
by Ernest Miller Hemingway

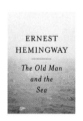

A Wrinkle in Time
by Madeleine L'Engle

The Little Prince
by Antoine de Saint Exupery

Maniac Magee
by Jerry Spinelli

When You Reach Me
by Rebecca Stead

The Chronicles of Narnia
by C. S. Lewis

Inkheart
by Cornelia Funke

To Kill a Mockingbird
by Harper Lee

A Storm of Swords
by Martin, George R.R

The Graveyard Book
by Neil Gaiman, Dave MCkean

Percy Jackson and Olympians
by Rick Riordan

The Underneath
by Appelt, Kathi

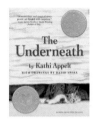

River Boy
by Tim Bowler

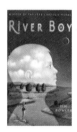

Julie of the Wolves
by Jean Craighead George

Tuesdays with Morrie
by Mitchell David Albom

26 Fairmount Avenue
by Tomie dePaola

Dragonwings
by Laurence Yep

The Willoughbys
by Lois Lowry

Twilight
　by Stephenie Meyer

Blubber
　by Judy Blume

The War with Grandpa
　by Robert Kimmel Smith

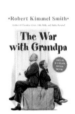

Big Nate 시리즈
　by Lincoln Peirce

The Giving Tree
by Shel Silverstein

Out of My Mind
by Sharon M. Draper

Flipped
by Wendelin Van Draanen

Stargirl
by Jerry Spinelli

Things Not Seen
by Andrew Clements

How to Steal a Dog
by Barbara O'connor

Someday Angeline
by Louis Sachar

Chocolate Fever
by Robert Kimmel Smith,
Gioia Fiammenghi

8

중등 & 고등생을 위한 Best 소설

Jane Eyre
by Charlotte Bronte

Treasure Island
by Robert Louis Stevenson

The Adventures of Robin Hood
by Howard Pyle

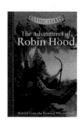

Dead Poets Society
by Kleinbaum, Nancy H.

No Fear Shakespeare 시리즈
by Shakespeare

Heidi
by Johanna Spyri

The Adventures of Tom Sawyer
by Mark Twain

Puffin Classics
(청소년용) 전집 37권

How to Train Your Dragon
by Cressida Cowell

Doll Bones
by Holly Black

One Came Home
by Amy Timberlake

Who Moved My Cheese?
For Teens Educated
by Patrick Spencer Johnson

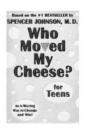

The Egypt Game
by Snyder, Zilpha Keatley

The Witch of Blackbird Pond
by Elizabeth George Speare

Little House in the Big Woods
by Laura Ingalls Wilder

Unfortunate Events 시리즈
#1 The Bad Beginning
by Lemony Snicket

A Single Shard
by Linda Sue Park

Anne of Green Gables 시리즈
by Lucy Maud Montgomery

The Boy in the Striped Pajamas
by John Boyne

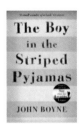

The Invention of Hugo Cabret
by Brian Selznick

The Mysterious Benedict Society 시리즈
by Trenton Lee Stewart, Carson Ellis

Warries 시리즈
by Erin Hunter, Dave Stevenson

A Summer to Die
by Lois Lowy, Jenni Oliver

George's Secret Key 시리즈
by Stephen Hawking,
Lucy Hawking, Garry Parsons

The Fault in Our Stars
　by John Green

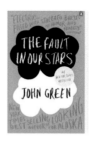

Mrs, Piggle - Wiggle
　by Betty MacDonald, Alexandra Boiger

So B. It
　by Sarah Weeks

The Diary of a Young Girl
　by Anne Frank

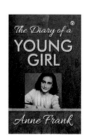

A Christmas Carol
by Charles Dickens

A Man Called Ove
by Fredrik Backman

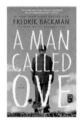

The Alchemist
by Paulo Coelho

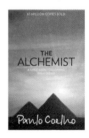

Part 7

유용한 영어 동영상
및 애니메이션과 영화

신나는 운동 Song 유튜브 동영상

Featuring Noodle & Pals / Super Simple Songs

Walking Walking

Head, Shoulder, Knees and Toes

Six in the Bed

The Wheels on the Bus

If You're Happy

One Shut Them

One Little Finger

Mother Goose 영상

Little Princess 시리즈

Arthur 시리즈

Caillou 시리즈

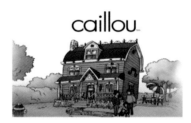

Max and Ruby 시리즈

Little Einsteins 시리즈

Toopy and Binoo 시리즈

Berenstain Bears 시리즈

Little Bear 시리즈

Clifford 시리즈

Super Why 시리즈

3

영어책과
시너지 효과를 낼 추천 DVD

Caillou 까이유

Maisy 메이지

Peppa Pig 페파피그

The Adventures of Napkin Man 냅킨맨

Max &Ruby 토끼네 집으로 오세요

Thomas &Friends 시리즈 토마스와 친구들

Berenstain Bears 시리즈 우리는 곰돌이 가족

Little Bear 시리즈 **리틀베어**

Clifford 시리즈 **클리포드**

OLIVIA 시리즈 **올리비아**

Arthur 시리즈 **아서**

Toopy and Binoo 시리즈 **투피와 비누**

Winnie the Pooh 시리즈 **곰돌이 푸**

Octonauts 시리즈 **옥터놋**

Little Princess 시리즈 **리틀 프린세스**

Angelina Ballerina 시리즈 안젤리나 발레리나

Chloe's Closet 시리즈 클로이의 요술 옷장

4

영어 독서에 흥미를 돋울
애니메이션 & 영화 추천 작

Bee Movie 꿀 대소동 2007

Chicken Run 치킨런 2000

Shrek 슈렉 2001

Trolls 트롤 2016

Shark Tale 샤크 2004

나니아 연대기: 사자, 마녀, 그리고 옷장 2005

Miracle on 34th Street 1994

Eight Below 에이트 빌로우 2006

Free Willy 프리 윌리 1993

Night at the Museum 박물관이 살아있다 2006

Charlie and the Chocolate Factory
찰리와 초콜렛 공장 2005

Diary of Wimpy Kid 윔피키드 2010

Esio Trot 에시오 트롯 거북아 거북아 2015

Harry Potter Series 해리포터 시리즈 2001~2011

Fantastic MR. Fox 판타스틱 Mr. 폭스 2009

Judy Moody and the Not Bummer Summer
주디 무디의 썸머 어드벤처 2011

Jumaji 쥬만지 1995, 2017

Matilda 마틸다 1996

The Lion King 라이온 킹 1994, 2019

Inside out 인사이드 아웃 2015

Paddington 1,2 패딩턴 2014, 2017

The BFG 내 친구 꼬마 거인 2016

The Boss Baby 보스 베이비 2017

The Cat in the Hat 더 캣 2003

Where the Wild Things Are 괴물들이 사는 나라 2009

Moana 모아나 2016

Charlotte's Web 샬롯의 거미줄 2006

The Wizard of Oz 오즈의 마법사 1939

The Sound of Music 사운드 오브 뮤직 1965

Frozen 겨울왕국 2013~2019

Big Hero 빅 히어로 2014

Aladdin 알라딘 2019

Mulan 뮬란 1998

Beauty and the Beast 미녀와 야수 2017

James and the Giant Peach 제임스와 거대한 복숭아 1996

Rise Of the Guardians 가디언즈 2012

Finding Nemo 니모를 찾아서 2003

Tangled 라푼젤 2010

Kung Fu Panda 쿵푸팬더 2008

Toy Story 토이스토리 1995~2020

Zootopia 주토피아 2016

Avatar 아바타 2009

The Giver 더 기버, 기억전달자 1993

Mrs. Doubtfire 미세스 다웃파이어 1993

Wonder 원더 2017

A Christmas Carol 크리스마스 캐롤 2009

The Boy in the Striped Pajamas
줄무늬 파자마를 입은 소년 2008

Ramona and Beezus 라모너 앤 비저스 2010

Flipped 플립 2010

Fantastic Beasts 신비한 동물사전 2016

Maleficent 말레피센트 2014, 2019

Holes 홀스 2003

The Lord of The Ring 반지의 제왕 2001

Coco 코코 2017

5

지금은 TED 시대

과거에는 영자 신문이나 잡지, 영어 뉴스만을 활용했다면 지금은 TED도 함께

세계의 저명한 전문가들의 강연을 무료로 볼 수 있는 콘텐츠입니다. TED는 Technology, Entertainment, Design의 약자이지만 더 많은 분야의 강연들이 세계 곳곳에서 매일 업데이트되고 있습니다. 15분 전후의 길지 않은 영상들이 많으며 자막을 영어로 설정할 수도 있습니다. 관심 분야에 대한 집중적인 학습이 가능하며 인기 가 많고 다소 오래된 TED강연에는 한글 자막이 있는 것도 있습니다. 지식이나 정보뿐만 아니라 프레젠테이션에 대한 많은 다양한 방법들을 배울 수 있고 PPT(파워포인트)를 제작하거나 제스처 사용법도 배울 수 있기 때문에 후에 자녀가 영어 발표를 해야 하는 시기에 도움을 받을 수 있습니다. 웃게도 만들고 많이 울리기도 하는 TED강연은 세계의 모든 인종을 만나고 이야기를 들을 수 있는 더없이 훌륭한 경험이 될 것입니다.

저는 러닝머신을 이용하면서 TED를 듣는데요. 강연 내용에 몰입할 때는 운동하는 것도 잊고 마치 TED강연장에 있는 것으로 착각하고 대답을 하는 경우도 있습니다.

자녀가 쉴 때 미래의 직업과 관련된 영상을 1개씩 들어보면 동기부여도 되고 Refresh도 됩니다. 유튜브를 이용하면 재생 속도를 0.25배~2배까지 다양하게 설정할 수 있기 때문에 빠른 속도의 영상도 느리게 들을 수 있어서 부담 없이 시청할 수 있습니다. 단어에 연연하지 말고 1주일에 3개씩 듣는다는 계획을 세우고 달력에 들었던 내용을 적어 두기도 하고 Short Writing을 할 때 TED의 내용이나 느낀 점을 2~3문장으로 적어보는 것이 좋습니다.

시사 정보를 얻으면서 동시에 영어 학습까지 가능한 영자 신문이나 잡지, 영어 뉴스 등을 많이 활용하실 텐데요. TED는 컴퓨터뿐만 아니라 앱을 다운 받아서 휴대폰으로도 쉽게 접근 할 수 있기 때문에 영어 독서의 고급단계에 올라온 아이들에게 학습법을 알려주고 활용하도록 하시면 좋습니다. 아이들의 손에 세계의 학자와 전문가들의 최근에 업데이트된 지식과 정보를 안겨 줄 수 있는 기회를 놓치지 않길 바랍니다.

Part 8

창의력을 키우는
독서 활동과 Q&A

연령 별 유용한 독서활동

창의력을 키우는 독서활동 그러나 무리하게 하지 않기

　독서활동은 Output활동으로 책에 대한 깊은 이해가 가능하며 아이의 생각을 정리하는 사고력과 응용력, 그리고 창의력향상에 도움이 됩니다. 넓은 의미의 독서에 포함이 되기도 하지만 강요하거나 무리하게 진행하지 않길 바랍니다. 다독의 시기에는 다양한 책의 바다에서 자유롭게 즐기도록 해주시고 독후활동이 가능할 것 같은 시점에서는 흥미를 잃지 않는 선에서 효율성이 높은 다양한 방법을 활용하여 진행하세요. 아이가 책에서 느낀 점을 표현하려 하고 대화를 원할 때가 있습니다. 그럴 때는 특히 이 기회를 놓치지 말고 아이의 이야기를 공감하는 자세로 들어 주며 간단한 독서활동을 시도해보세요.

나이별로 가정에서 실천하면 좋은 독서활동

5세~7세 　**책과 친해지는 것이 목적**

1. 책에서 좋아하는 페이지를 선택하도록 한다
2. 그 페이지에서 느낀 점을 구체적으로 질문한다
3. 좋아하는 페이지를 그림으로 그리도록 한다
4. 다양한 색칠도구나 스티커를 사용하여 자유롭게

표현하도록 한다

5. 그림을 그리는 동안 내용에 대해 간섭하지 않는다
6. 책에서 좋았던 단어를 그림 옆에 써보도록 한다
7. 작품을 칭찬하고 스크랩하거나 한동안 집안에 전시해둔다
8. Song &Chant를 춤추면서 큰소리로 부른다

● 주의할 점!

독후화는 본격적인 미술 활동이 아니다

무턱대고 '그림을 그려 봐라'하지 않는다

꼬치꼬치 캐묻지 않는다

초1~초3 Story를 이해하는 단계

1. 좋은 문구를 3~5개 선택하도록 한다
2. 나만의 작은 책을 만들어 본다. 색칠도구이나 스티커를 사용하여 자유롭게 표현하도록 한다
3. 작품을 칭찬하고 스크랩하거나 한동안 집안에 전시해둔다
4. 방문한 손님이 있을 경우는 소개한 후 칭찬을 받도록 한다
5. 나만의 그림 사전을 만든다(영어그림사전 활용)

초4~초6 책 한 권을 읽더라도 그 내용을 곰곰이 생각하고,

주제에 대해 고민하는 자세를 가지는 시기로

지적 탐구의 기쁨을 누릴 수 있는 단계, 사고력, 표현력,

발표력, 논리력의 함양을 목표

● 주의할 점!

초등 저학년이 고급단계의 독서를 하고 있다면 독서활동을 할 책선별에 유의할 필요가 있습니다. 책의 수준보다 연령이 낮기 때문에 아이가 흥미를 느끼는 쉬운 책으로 독서 활동을 하는 것이 좋습니다.

1. 배운 단어로 플래시카드 만들기: 그림과 책의 문장을 포함하여 나만의 플래시카드를 만든다
2. Book report를 작성하도록 한다
3. 등장인물 중 하나가 되어 다른 등장인물에게 또는 작가에게 편지를 쓴다
4. 성우 되기: 책의 좋아하는 페이지를 선정 후 핸드폰으로 녹음을 해본다
5. Story Board만들기: 책의 중요 페이지를 칼라나 흑백으로 프린트해서 글의 순서대로 배열한다
6. 뿅망치 단어게임: 가족과 함께 단어 스펠링을 빨리 말하는 사람이 뿅망치를 사용할 수 있다

1. 저희 아이는 책을 읽을 때 5분만 지나면 주의력이 흐트러지고 딴 짓을 해요. 어떻게 하면 집중력을 높일 수 있을까요?

종종 어려운 단어가 나오면 흐름이 끊기고 흥미가 떨어지며 두뇌도 집중하지 못하게 됩니다. 그럴 때는 아이의 지적 수준보다 낮으며 재미있어하는 책을 선정하여 읽어주세요. 쉽고 재미를 느낄 만한 책을 부모가 읽어주면 편안하기 때문에 차분히 듣게 되면서 집중하는 경험을 시작하게 됩니다. 책을 읽으면서 목소리 톤, 높낮이를 다양하게 구사하며 추가적인 이야기로 흥미를 갖도록 해주세요. 급속히 좋아지지는 않지만 오랜 동안 지속하시면 그 경험들이 모여서 집중력을 높일 수 있습니다. 자녀에 따라 다르지만 독서에 집중하게 하려면 초등학교 저학년까지는 책을 함께 읽으며 아이의 성장을 기다려주는 것도 좋습니다.

'Finger Point Reading'이라고 아이가 손가락을 사용하여 문장을 짚어가면서 천천히 읽도록 하는 법이 있습니다. 처음에는 짧게 3분 정도 읽고 점차 시간을 늘리세요. 집중하는 모습에는 폭풍 칭찬을 해주면 좋습니다. 오랜 시간 동안 손가락 독서를 하다 보면 체력적으로 쉽게 지칠 수 있으니 아이의 컨디션을 체크하면서 진행하세요.

2. DVD나 CD듣기에 관심이 없어요.

영어에 관심이 없다고 강요하는 것보다 DVD나 CD를 지속적으로 틀어주고 아이가 하고 싶은 놀이를 하도록 해주세요. 아이는 장난감을 가지고 놀거나 다른 한국 책을 보더라도 영어 DVD나 CD는 듣고 있으며 적응을 하는 중입니다. 현재의 DVD와 CD음원을 아이가 좋아하지 않을 수도 있으니 다양한 DVD와 CD를 틀어주고 1주 정도가 지나면 또 다른 영상물과 CD에 노출시켜주세요. 언젠가는 관심을 갖기 시작할 것입니다.

3. 아이가 한 책만 반복적으로 읽으려고 해요.

불필요한 행동일 것 같고 다양하게 읽었으면 하는 바람을 가질 수 있지만 책을 반복해서 읽는다는 것은 깊이 있는 독서를 하고 있기 때문에 독서 능력이 향상될 수 있습니다. 한 분야에 관심을 집중적으로 보이고 있기 때문에 그 책과 연관된 다양한 책을 추천하면서 아이의 지식을 확장시키는 기회로 삼아보세요. 그리고 이와 같은 방법으로 영어 독서에 대한 흥미는 상승하게 되며 시간이 지나면 다른 책에도 관심을 갖게 될 것입니다.

4. 영어사전은 어떤 것을 써야 하나요?

핸드폰의 사전도 괜찮지만 영어 독서를 처음 시작할 때는 어린이용 영영사전을 활용하도록 권유합니다. 내용의 설명도 좋지만 그림으로 이해를 하기 때문에 좋은 삽화들이나 사진이 있어서 시각적으로도 학습 효과가 좋습니다. 찾던 단어의 읽는 법과 다른 동사 형태나 형용사, 부사 등의 단어가 있기 때문에 추가적인 단어 학습이 가능합니다.

5. 아이가 방방 뛰어 다녀서 차분히 책을 읽어줄 수가 없어요.

활동적인 아이의 경우는 앉아서 함께 읽는 것이 어려울 수 있습니다. 아이가 뛰어다니는 동안에도 부모님은 책을 큰소리로 읽어주세요. 대부분의 유아와 초등 저 학년 학생들은 청각이 예민하기 때문에 책의 이야기가 들리면 분명히 듣고 있습니다. 부모가 관심을 가지고 집중하는 모습을 보면 다가와서 옆에 앉는 시기가 올 거예요. 후에 관심을 가지고 앉아서 읽게 되면 칭찬을 아낌없이 해 주면서 읽는 습관을 들여 주시면 됩니다.

6. 재미있는 책을 사서 읽어주려 해도 아이가 관심을 보이지 않아요?

아이가 책을 싫어하는 것 보다는 익숙하지 않아서 거부하는 할 수 있습니다. 바로 읽어주려고 하지 마시고 책을 늘 아이 가까이 두어 아이에게 노출을 자주 시켜주세요. 아이가 친숙해지면 그 때 읽어주시면 됩니다.

7. 영어 실력을 더욱 높여 줄 어학연수는 언제 가야 하나요?

영어 학습을 위해서 보내는 것보다는 그 나라의 문화를 경험을 할 수 있도록 챕터북 이상의 영어 실력이 되었을 때 고민해보면 좋습니다. 과거에는 영어를 배우러 어학연수를 갔다면 이제는 성장한 영어 능력을 활용하여 다양한 문화를 체험하고 그룹 프로젝트, 그리고 발표 등의 활동을 해보는 것이 유용합니다. 초등학교 고학년의 슬럼프시기를 이용하는 것도 좋은데요. 가족과 부모의 소중함을 깨닫는 교육적인 기회가 될 수 있으며 Speaking과 Writing의 표현 영역이 향상되어할 시기인데 사춘기가 오면서 입을 닫아버리는 경향이 있기 때문입니다. 제가 사내 어학연수 TFT에 있을 때 어학 연수프로그램을 런칭한 경험이 있는데 어학연수 후에, 영어 교육목표를 달성했던 것보다 아이들이 생각이 깊어지고 성숙한 학생들로 성장했던 결과에 무척 뿌듯했습니다. 기쁘게도 어학연수를 보냈던 학부모의 피드백에서도 저와 같은 부모들의 만족스러운 의견에 무척 보람을 느꼈습니다.

어학연수는 영어실력 함양뿐만 아니라 다양한 체험을 통해 사고력, 협업 능력, 그리고 공감 능력을 배울 수 있는 기회로 활용할 수 있습니다. 요즘은 IVY대학 체험 프로그램, 예술 및 과학 등 다양한 어학 연수프로그램이 있으니 비교해 보고 아이의 특성에 맞는 어학연수를 보내시면 됩니다.

8. 아이가 챕터북 4권을 한 시간 만에 읽었다고 해요. 대충 읽는 것 같아요.

대충 읽는 것 같아 고민이 되실 수 있는데요. 정확히 읽든, 읽고 싶은 곳만 읽든 그대로 두세요. 어느 쪽이든 읽고 있으면 됩니다. '제대로 읽었으면 하는 부모의 마음'은 '좋아서 읽게 만든다는 마음'으로 바꾸어 보세요.

두꺼운 책을 1~2시간에 읽던 아이가 점점 얇은 책을 하루에 걸쳐 읽는다면 어떨까요? 정독을 하면서 충분히 즐기고 깊이 있는 독서를 하고 있는 것입니다. 아이의 독서패턴이 이처럼 변화될 수 있습니다. 아이가 읽고 있다면 믿으면서 기다려주세요.

9. 다독과 정독은 어떻게 활용하나요?

다독은 말대로 많이 읽는 것을 말하나 정독은 단어 하나, 문장 하나를 꼼꼼하게 읽는 것이 아니고 저자의 뜻을 새겨 가며 읽는 것입니다. 초등학교 3학년까지는 영어의 풀장에 푹 빠진다는 생각으로 다독을, 초등학교 4학년부터 고등학교까지는 분석적 읽기, 통합적, 그리고 비판적 읽기를 할 수 있는 정독을 권유 드립니다.

10. 영어 독서만 하다 보면 중등 영어내신 대비가 잘 될지 걱정이 되요.

영어 독서가 충분히 되고 있다면 중등 영어내신 대비는 시험 전 약 3주 동안 다음과 같이 4단계로 준비하면 100점이나 1등급이 가능합니다. 첫째는 교과서 본문의 완벽한 이해가 필요합니다. 본문의 한글 해석을 보면 본문 영작을 정확히 할 수 있는 정도여야 합니다. 둘째는 시험 범위의 단어와 문법을 완벽히 숙지하는 것입니다. 셋째는 학교에 따라서 다양한 sub교재를 사용하거나 프린트 물을 배포하는 경우가 있는데 많지 않은 양이니 이 또한 교과

서처럼 완벽히 이해하고 필요시 암기를 합니다. 마지막으로 내신점수는 지필고사가 70%, 수행평가가 30%로 반영되기 때문에 수행평가의 말하기나 쓰기 활동을 집중적으로 준비하여 높은 점수를 받는 것이 중요합니다. 요즘은 표현영어의 중요성이 강조되어 수행평가의 반영비율이 50%인 학교도 있습니다. 결국, 영어독서는 수행평가를 대비하는데도 최적의 학습법이 될 것입니다.

3

영어 독서교육 시 유의해야 할 사항

1. 영어 동영상학습 시 정확히 학습 시간을 교육하기
2. 책에 낙서하는 것을 지적하지 않기
3. 책들을 정리하지 않기, 아이들이 많은 책에 노출되도록 하기
4. '어려운 책'이라는 표현 자제하고 '도전 할 수 있는 책'이라는 긍정적인 표현을 사용하기
5. 챕터북 단계에서는 아이에게 시간이 필요할 수 있기 때문에 무리하게 완독을 강요하지 않기
6. 흥미가 상실될 수 있으므로 이해도 체크 문제 풀기에 무리하게 집중하지 않기
7. 과거의 Handout자료를 스크랩하고 후에 비교하면서 볼 수 있도록 하기
8. 아이가 눕거나 괴상한 자세로 책을 읽더라도 똑바로 앉아서 읽도록 강요하지 않기
   (아이는 영어독서를 놀이로 생각하는 중입니다.)

참고문헌

논문

The Long-Lasting Advantage of Learning Sign Language in Childhood: Another Look at the Critical Period for Language Acquistion

서적

Leadership: In Turbulent Times 저자: Doris Kearns Goodwin
The power of habit 저자: Charles Duhigg
잉글리시 디베이트 저자: 우에다 이치조, 쓰마토리 치즈코
크라센의 읽기 혁명 저자: 스티븐 크라센 역자: 조경숙
Becoming 저자: Michelle Obama
도서관 영어독서법 저자: 이현, 이지영

인터넷 자료

https://curriculumtechnology.files.wordpress.com/2014/02/ar_lexile_conversion 1.pdf
https://www.arbookfind.com/about-us.aspx

사진 및 영상자료 출처

https://www.google.com/search?q=Eric+Carle&sxsrf=ALeKk01tFvAPOlrQNmM0 QEbcwaTNTpETjA:16

https://www.google.com/search?q=Anthony+Browne&tbm=isch&ved=2ahUKEw iLz52asIHsAhUHR5

https://www.google.com/search?q=Bear+about+town&tbm=isch&ved=2ahUKE
wjTqdn_slHsAhUCH

https://www.google.com/search?q=It+Looked+Like+Spilt+Milk&tbm=isch&ved
=2ahUKEwjwhdnXs

https://www.google.com/search?q=Dear+Zoo+&tbm=isch&ved=2ahUKEwiN2tC
FuoHsAhVBVJQKHWUXAXIQ2-

https://www.google.com/search?q=David+Shannon%EC%9D%98+David&tbm=i
sch&ved=2ahUKEwj9g5m-uoHsAhUZAIgKHXHsBeEQ2-

https://www.google.com/search?q=GOODNIGHT+MOON&tbm=isch&ved=2ah
UKEwjb_Z2Au4HsAhUEgsYKHRBmBC8Q2-

https://www.google.com/search?q=Rain+%EC%B1%85&tbm=isch&ved=2ahUKE
wiN3bPiu4HsAhVDQPUHHW8gARkQ2-

https://www.google.com/search?q=Duck!+Rabbit&tbm=isch&ved=2ahUKEwi1l8
Pmu4HsAhUSAt4KHfPFC9sQ2-

https://www.google.com/search?q=A+Color+of+his+own&tbm=isch&ved=2ah
UKEwiws9uRvIHsAhXFCN4KHRrSD3MQ2-

https://www.google.com/search?q=GOOD+NIGHT%2C+GORILLA&tbm=isch&ve
d=2ahUKEwjM4pC8vIHsAhVMad4KHcYfAnYQ2-

https://www.google.com/search?q=Peppa+Pig&tbm=isch&ved=2ahUKEwj6hpH
wvlHsAhUFA94KHSCNBAkQ2-

https://www.google.com/search?q=EACH+PEACH+PEAR+PLUM&tbm=isch&ved
=2ahUKEwiO-ZDLwoHsAhXHDN4KHbrdCrQQ2-

https://www.google.com/search?q=GO+AWAY%2C+BIG+GREEN+MONSTER!&t
bm=isch&ved=2ahUKEwj-zY_4woHsAhVW4GEKHeUoDv4Q2-

https://www.google.com/search?q=I+SPY+An+Alphabet+In+Art&tbm=isch&ve
d=2ahUKEwitz-S_w4HsAhWBat4KHbxzD-QQ2-

https://www.google.com/search?q=KNOCK+KNOCK+Who%E2%80%99s+There
%3F&tbm=isch&ved=2ahUKEwiwwJLmw4HsAhVox4sBHSAEBYMQ2-

https://www.google.com/search?q=Jon+Klassen%EC%8B%9C%EB%A6%AC%EC%A6%88&tbm=isch&ved=2ahUKEwiW-ICqxIHsAhUBEKYKHTBhBIEQ2-

https://www.google.com/search?q=Clifford%E2%80%99s+%EC%8B%9C%EB%A6%AC%EC%A6%88&tbm=isch&ved=2ahUKEwiluoXPxIHsAhWWzYsBHbjkBpwQ2-

https://www.google.com/search?q=WHERE+THE+WILD+THINGS+ARE&tbm=isch&ved=2ahUKEwiop63_xIHsAhWMEYgKHUvqDccQ2-

https://www.google.com/search?q=+Suddenly&tbm=isch&ved=2ahUKEwiMpuXr2oHsAhWWAqYKHTDCAc4Q2-

https://www.google.com/search?q=THE+CROCODILE+WHO+DIDN%E2%80%99T+LIKE+WATER&tbm=isch&ved=2ahUKEwjtjLah24HsAhV9x4sBHZonBN4Q2-

https://www.google.com/search?q=Little+blue+and+little+yellow&tbm=isch&ved=2ahUKEwiz0snb24HsAhWIBaYKHUZUAhgQ2-

https://www.google.com/search?q=THE+WATERMELON+SEED&tbm=isch&ved=2ahUKEwii28b824HsAhWHdHAKHaw0C5MQ2-

https://www.google.com/search?q=I+SPY%EC%8B%9C%EB%A6%AC%EC%A6%88&tbm=isch&ved=2ahUKEwivyuLD3IHsAhXVC94KHUcCBcsQ2-

https://www.google.com/search?q=Maisy+%EC%8B%9C%EB%A6%AC%EC%A6%88&tbm=isch&ved=2ahUKEwjnzeHy3IHsAhWBEYgKHatsAg8Q2-

https://www.google.com/search?q=The+Story+of+the+Little+Mole+who+went+in+Search+of+Whodunit&tbm=isch&ved=2ahUKEwiUo8TG3YHsAhWQdN4KHVrzDVwQ2-

https://www.google.com/search?q=Kitten%E2%80%99s+First+Full+Moon&tbm=isch&ved=2ahUKEwilms_s4YHsAhUYAYgKHccKDxUQ2-

https://www.google.com/search?q=Mo+Willems+The+Pigeon%EC%8B%9C%EB%A6%AC%EC%A6%88&tbm=isch&ved=2ahUKEwi-34ex4oHsAhVFeZQKHZU9DP0Q2-

https://www.google.com/search?q=CLICK%2C+CLACK%2C+MOO+Cows+That+Type&tbm=isch&ved=2ahUKEwiusKng4oHsAhVvEqYKHdX-AZQQ2-

https://www.google.com/search?q=Fly+Guy&tbm=isch&ved=2ahUKEwic3OqH44HsAhUN6JQKHZgFAZ0Q2-

https://www.google.com/search?q=John+Patrick+Norman+McHennessy%2C+the+boy+who+was+always+late&tbm=isch&ved=2ahUKEwjb2c2n44HsAhVH6ZQKHdvVDuQQ2-

https://www.google.com/search?q=LLama+LLama+red+pajama&tbm=isch&ved=2ahUKEwis7dDX44HsAhUB0ZQKHUA8ALcQ2-

https://www.google.com/search?q=The+Gruffalo&tbm=isch&ved=2ahUKEwjEmduS-oHsAhUCVJQKHd8lAgMQ2-

https://www.google.com/search?q=IN+THE+NIGHT+KITCHEN&tbm=isch&ved=2ahUKEwj0_oPx-4HsAhVM0pQKHQEUBDkQ2-

https://www.google.com/search?q=Sylvester+and+the+Magic+Pebble&tbm=isch&ved=2ahUKEwiox5uk_IHsAhX2yosBHaluBMAQ2-

https://www.google.com/search?q=Dr.+Seuss&tbm=isch&ved=2ahUKEwj5_Me1_YHsAhUN5pQKHbePA98Q2-

https://www.google.com/search?q=%EB%8B%A5%ED%84%B0%EC%88%98%EC%8A%A4abc&sxsrf=ALeKk01_

https://www.google.com/search?q=Alphabatics&tbm=isch&ved=2ahUKEwiX56jnoYPsAhXPxlsBHX5PD4cQ2-

https://www.google.com/search?q=Chica+Chica+Boom+Boom+&tbm=isch&ved=2ahUKEwj1tOC-o4PsAhUTBaYKHU3sBuQQ2-

https://www.google.com/search?q=Z+is+for+Moose&tbm=isch&ved=2ahUKEwjNspqaplPsAhVBXpQKHY9ZCE8Q2-

https://www.google.com/search?q=Oxford+Reading+Tree&tbm=isch&ved=2ahUKEwiBoaOWpYPsAhUGdpQKHcqrAwgQ2-

https://www.google.com/search?q=I+Can+Read+Book+3&tbm=isch&ved=2ahUKEwiOg7eMwYPsAhVE65QKHeI7C_UQ2-

https://www.google.com/search?q=Scholastic+Reader&tbm=isch&ved=2ahUKEwirqpSUwYPsAhVIzYsBHeD8A0MQ2-

https://www.google.com/search?q=Henry+and+Mudge&tbm=isch&ved=2ahUK
EwiBm4W6wYPsAhULA6YKHc0NAhYQ2-

https://www.google.com/search?q=Step+into+Reading&tbm=isch&ved=2ahUK
EwjvuIumwoPsAhUHapQKHczuAdwQ2-

https://www.google.com/search?q=Usborne+First+Reading&tbm=isch&ved=2a
hUKEwjz3ObYwoPsAhVvEqYKHdX-AZQQ2-

https://www.google.com/search?q=Fly+Guy&tbm=isch&ved=2ahUKEwjclJScw4P
sAhULA6YKHUkNAhIQ2-

https://www.google.com/search?q=Little+Critter&tbm=isch&ved=2ahUKEwiD39
PSw4PsAhXayIsBHeufD08Q2-

https://www.google.com/search?q=Arthur+Starter&tbm=isch&ved=2ahUKEwi1x
oiFxIPsAhVJxIsBHfHIC4gQ2-

https://www.google.com/search?q=Little+Princess+&tbm=isch&ved=2ahUKEwi
opOrxxIPsAhUKR5QKHQkqCAoQ2-

https://www.google.com/search?q=D.W.+%EC%8B%9C%EB%A6%AC%EC%A6%8
8+arthur&tbm=isch&ved=2ahUKEwiL9bD3yIPsAhV3yIsBHXCEB8oQ2-

https://www.google.com/search?q=Max+and+Ruby&tbm=isch&ved=2ahUKEwj
a-pb7yIPsAhWBG6YKHWlGAMMQ2-

https://www.google.com/search?q=Clifford&tbm=isch&ved=2ahUKEwji9ou8yoP
sAhUEUpQKHQieAAMQ2-

https://www.google.com/search?q=Peppa+Pig&tbm=isch&ved=2ahUKEwin9Mb
uy4PsAhWNet4KHfafB5kQ2-

https://www.google.com/search?q=Caillou&tbm=isch&ved=2ahUKEwiGm6ilzIPs
AhWRL6YKHWPCDioQ2-

https://www.google.com/search?q=Curious+George&tbm=isch&ved=2ahUKEwi
uw_XGzIPsAhVrzYsBHVk3CDsQ2-

https://www.google.com/search?q=Fancy+Nancy&tbm=isch&ved=2ahUKEwjHh
sDwzIPsAhVlzIsBHcoSDBUQ2-

https://www.google.com/search?q=Berenstain+Bears&tbm=isch&ved=2ahUKEw iMpYugzYPsAhXFAaYKHeLdBx4Q2-

https://www.google.com/search?q=Syd+Hoff&tbm=isch&ved=2ahUKEwit1L_Cz YPsAhWSAKYKHSiNAiUQ2-

https://www.google.com/search?q=National+Geographic+Kids+Level&tbm=isc h&ved=2ahUKEwjvzePkzYPsAhVDQ_UHHWLmAmUQ2-

https://www.google.com/search?q=Usborne+Phonics+Readers+&tbm=isch&ve d=2ahUKEwjrrJqQzoPsAhXNZ94KHZX-BHwQ2-

https://www.google.com/search?q=Sight+Word+Readers+%EC%8B%9C%EB%A 6%AC%EC%A6%88+&tbm=isch&ved=2ahUKEwi8vuWZ0IPsAhUK9pQKHUNMD4 IQ2-

https://www.google.com/search?q=Clifford+Phonics+Fun+%EC%8B%9C%EB%A 6%AC%EC%A6%88+&tbm=isch&ved=2ahUKEwievdro0IPsAhUCbJQKHcQsBjAQ 2-

https://www.google.com/search?q=I+Can+Read%3A+My+Little+Pony+Phonics +&tbm=isch&ved=2ahUKEwixmdnl0YPsAhUOhZQKHdo-C18Q2-

https://www.google.com/search?q=I+Can+Read%3A+Biscuit+Phonics+Fun+&tb m=isch&ved=2ahUKEwjYhKCm0oPsAhWWAKYKHTOsBP4Q2-

https://www.google.com/search?q=Horrid+Henry+Early+Reader&tbm=isch&ve d=2ahUKEwjf6tOF04PsAhWCA94KHf4nCm0Q2-

https://www.google.com/search?q=Usborne+Young+Reading+%EC%8B%9C%E B%A6%AC%EC%A6%88&tbm=isch&ved=2ahUKEwj6wses2IPsAhUMfpQKHcqaA DsQ2-

https://www.google.com/search?q=Winnie+the+Witch+&tbm=isch&ved=2ahU KEwi-gLWu4oPsAhVE15QKHdEQBqUQ2-

https://www.google.com/search?q=My+Weird+School+%EC%8B%9C%EB%A6% AC%EC%A6%88&tbm=isch&ved=2ahUKEwjVsunm4oPsAhUKR5QKHQkqCAoQ2-

https://www.google.com/search?q=Nate+the+Great+&tbm=isch&ved=2ahUKE wjimJKQ44PsAhULA6YKHc0NAhYQ2-

https://www.google.com/search?q=Junie+B.+Jones&tbm=isch&ved=2ahUKEwi
G2rHz44PsAhVU8WEKHV3-BCAQ2-

https://www.google.com/search?q=garfield+chapter+books&tbm=isch&ved=2a
hUKEwi4pYGu5YPsAhUO1ZQKHUg9Ct4Q2-

https://www.google.com/search?q=Stink&tbm=isch&ved=2ahUKEwjY_cCz5YPsA
hVoGKYKHSXxAgoQ2-

https://www.google.com/search?q=Dirty+Bertie&tbm=isch&ved=2ahUKEwj3uZv
c5YPsAhXIApQKHU2CAhAQ2-

https://www.google.com/search?q=Rules+chapter+book&tbm=isch&ved=2ahU
KEwi2q4qe5oPsAhUYyosBHSHwDsAQ2-

https://www.google.com/search?q=Marvin+Redpost&tbm=isch&ved=2ahUKEwi
nzvii5oPsAhUOhZQKHdo-C18Q2-

https://www.google.com/search?q=Captain+Underpants&tbm=isch&ved=2ahU
KEwiW1KHN5oPsAhVE15QKHdEQBqUQ2-

https://www.google.com/search?q=Judy+Moody&tbm=isch&ved=2ahUKEwibg
oH45oPsAhUEUpQKHQieAAMQ2-

https://www.google.com/search?q=Magic+Tree+House&tbm=isch&ved=2ahUK
Ewi0pNub54PsAhUSTZQKHaZZBQ0Q2-

https://www.google.com/search?q=Zack+Files&tbm=isch&ved=2ahUKEwiH2IHT
54PsAhUPvJQKHZVzCMwQ2-

https://www.google.com/search?q=Nancy+Drew+and+the+Clue+Crew&tbm=is
ch&ved=2ahUKEwj73NWH6IPsAhVE65QKHel7C_UQ2-

https://www.google.com/search?q=Geronimo+Stilton&tbm=isch&ved=2ahUKE
wjj29TM6IPsAhVpGKYKHVx8BCQQ2-

https://www.google.com/search?q=Terry+Deary%E2%80%99s+Historical+Tales
+&tbm=isch&ved=2ahUKEwiwtNn-6IPsAhUWAqYKHUAqDiIQ2-

https://www.google.com/search?q=A+to+Z+Mysteries&tbm=isch&ved=2ahUKE
wiEs7G46YPsAhVH6ZQKHdvVDuQQ2-

https://www.google.com/search?q=Wimpy+Kid+&tbm=isch&ved=2ahUKEwirltL
s6YPsAhVRA6YKHTX_AAoQ2-
https://www.google.com/search?q=Let%E2%80%99s+Read+and+Find+out+&tb
m=isch&ved=2ahUKEwi5rtiU6oPsAhVCTZQKHUGvA9UQ2-

https://www.google.com/search?q=Scholastic+Hello+Reader+science+Level+2
&tbm=isch&ved=2ahUKEwil0qvS64PsAhXvzIsBHZUfDysQ2-

https://www.google.com/search?q=Franny+K.+Stein+&tbm=isch&ved=2ahUKE
wi-8sfg64PsAhUGB5QKHTb5D_sQ2-

https://www.google.com/search?q=Magic+School+Bus+&tbm=isch&ved=2ahU
KEwiWyODX7YPsAhVDYpQKHawlCwkQ2-

https://www.google.com/search?q=National+Geographic+Kids+Level+1~3+%E
B%8B%A8%EA%B3%84&tbm=isch&ved=2ahUKEwiooKiE7oPsAhWFA6YKHQQm
BwwQ2-

https://www.google.com/search?q=Horrible+Science+&tbm=isch&ved=2ahUKE
wjCm6S77oPsAhXjJaYKHf03D0QQ2-

https://www.google.com/search?q=Who+Was+%3F+&tbm=isch&ved=2ahUKE
wihsvbe7oPsAhUO1ZQKHUg9Ct4Q2-

https://www.google.com/search?q=Eric+Carle+blue&tbm=isch&ved=2ahUKEwi
Nz9vD94PsAhULDZQKHQHmCAwQ2-

https://www.google.com/search?q=I+SPY+%EA%B7%B8%EB%A6%BC&tbm=isc
h&ved=2ahUKEwjewq2O94PsAhUN35QKHQQUAtsQ2-

https://www.google.com/search?q=Willy%E2%80%99s+Pictures++&tbm=isch&
ved=2ahUKEwiRw__G94PsAhVJ25QKHc4ODO8Q2-

https://www.google.com/search?q=Smart+About+Art+%EB%AA%A8%EB%84%
A4&tbm=isch&ved=2ahUKEwjJnZKx-IPsAhV4xosBHaIfArMQ2-

https://www.google.com/search?q=Because+of+Winn-Dixie&tbm=isch&ved=2a
hUKEwi22vW1-IPsAhWQuJQKHfnqDUYQ2-cCegQIABAA&oq=Because+of+Winn
-

https://www.google.com/search?q=Sarah%2C+Plain+and+Tall&tbm=isch&ved=
2ahUKEwj0s_mlhoTsAhWFA6YKHeomBxIQ2-

https://www.google.com/search?q=The+Whipping+Boy+&tbm=isch&ved=2ah

UKEwjur4zzhoTsAhXszIsBHd9cAKwQ2-

https://www.google.com/search?q=Last+Stop+on+Market+Street&tbm=isch&ved=2ahUKEwi0hvKjh4TsAhXJed4KHZ6ODtYQ2-

https://www.google.com/search?q=Roller+Girl&sxsrf=ALeKk020-
https://www.google.com/search?q=Doctor+De+Soto&tbm=isch&ved=2ahUKEwj9gbTgkITsAhWDEogKHUzlAGoQ2-

https://www.google.com/search?q=Crazy+Lady+book+newbery&tbm=isch&ved=2ahUKEwiCiqnEkYTsAhVFKqYKHSbTBQwQ2-

https://www.google.com/search?q=El+Deafo+&tbm=isch&ved=2ahUKEwjx_PbJkYTsAhW3xosBHeIcAUQQ2-

https://www.google.com/search?q=Drama+book+newbery&tbm=isch&ved=2ahUKEwi3hYS3koTsAhUNhJQKHQAxANAQ2-

https://www.google.com/search?q=Crown%3A+An+Ode+to+the+Fresh+Cut&tbm=isch&ved=2ahUKEwjMwd67koTsAhXYB6YKHfY5BPcQ2-

https://www.google.com/search?q=Holes+&tbm=isch&ved=2ahUKEwj5gov5koTsAhXYD94KHS_-C48Q2-

https://www.google.com/search?q=Charlotte%E2%80%99s+Web&tbm=isch&ved=2ahUKEwj3qdnflYTsAhVBVJQKHWUXAXIQ2-

https://www.google.com/search?q=Bridge+to+Terabithia&tbm=isch&ved=2ahUKEwjQ9rqVloTsAhUNhJQKHQAxANAQ2-

https://www.google.com/search?q=Walk+Two+Moons+&tbm=isch&ved=2ahUKEwj4i4G0loTsAhXfzIsBHc6GDSEQ2-

https://www.google.com/search?q=Dear%2C+Mr.+Henshaw++&tbm=isch&ved=2ahUKEwiXzpf3loTsAhVPYZQKHe2wBBQQ2-

https://www.google.com/search?q=Shiloh+newbery&tbm=isch&ved=2ahUKEwiE3Inol4TsAhUSTZQKHRL7BYYQ2

https://www.google.com/search?q=Number+the+Stars&tbm=isch&ved=2ahUKEwip5bfwl4TsAhU5KqYKHSkcA-QQ2-

https://www.google.com/search?q=a+wrinkle+in+time+book&tbm=isch&ved=2ahUKEwjJ0sy6mITsAhVSEKYKHQLyA2EQ2-

https://www.google.com/search?q=Maniac+Magee+&tbm=isch&ved=2ahUKEwipvZvAmITsAhVKGKYKHXaOC20Q2-

https://www.google.com/search?q=ella+enchanted+book&tbm=isch&ved=2ahUKEwjBvLaFmYTsAhVFdJQKHWZYAykQ2-

https://www.google.com/search?q=Hello%2C+Universe&tbm=isch&ved=2ahUKEwjMhcaQmYTsAhVM95QKHeTLCGQQ2-

https://www.google.com/search?q=26+Fairmount+Avenue&tbm=isch&ved=2ahUKEwie1t23mYTsAhV_xosBHYJCC8kQ2-

https://www.google.com/search?q=The+Girl+Who+Drank+the+Moon&tbm=isch&ved=2ahUKEwitj9zxmYTsAhVUD4pQKHZIUAKYQ2-

https://www.google.com/search?q=On+My+Honor+&tbm=isch&ved=2ahUKEwj-gdOXmoTsAhVUGXZQKHYMVCTQQ2-

https://www.google.com/search?q=The+Year+of+Billy+Miller&tbm=isch&ved=2ahUKEwjYsP24moTsAhVWSAZQKHfaoAYkQ2-

https://www.google.com/search?q=Kira+-

https://www.google.com/search?q=The+Family+Under+the+Bridge+&tbm=isch&ved=2ahUKEwiL1MXZnYTsAhVUI4pQKHf55BYoQ2-

https://www.google.com/search?q=The+Great+Gilly+Hopkins&tbm=isch&ved=2ahUKEwjF2rSFnoTsAhXXyosBHapHB8cQ2-

https://www.google.com/search?q=The+Inquisitor%27s+Tale+&tbm=isch&ved=2ahUKEwiY4MaqnoTsAhUZAlgKHXHsBeEQ2-

https://www.google.com/search?q=feathers+book&tbm=isch&ved=2ahUKEwjq-LPRnoTsAhWIC94KHa-gCM4Q2-

https://www.google.com/search?q=The+Ear%2C+the+Eye%2C+and+the+Arm&

tbm=isch&ved=2ahUKEwja5qXNp4TsAhXBAKYKHf-iBB0Q2-

https://www.google.com/search?q=The+Hundred+Dresses+&tbm=isch&ved=2ahUKEwiBqYj7noTsAhVCAd4KHbncCbwQ2-

https://www.google.com/search?q=Hatchet&tbm=isch&ved=2ahUKEwiF6-HfoITsAhVE65QKHeI7C_UQ2-

https://www.google.com/search?q=Mr.+Popper%E2%80%99s+Penguins+&tbm=isch&ved=2ahUKEwi58OrIoYTsAhULA6YKHUkNAhIQ2-

https://www.google.com/search?q=The+Wednesday+Wars+&tbm=isch&ved=2ahUKEwiZs9iIooTsAhUXhJQKHUrXCMwQ2-

https://www.google.com/search?q=The+Giver&tbm=isch&ved=2ahUKEwjU1c3JooTsAhUK_5QKHaN9ABkQ2-

https://www.google.com/search?q=Ramona+Quimby%2C+Age+8&tbm=isch&ved=2ahUKEwiS35z2ooTsAhUVDJQKHbpTAz8Q2-

https://www.google.com/search?q=The+Graveyard+Book+&tbm=isch&ved=2ahUKEwjv5_Sko4TsAhWEHaYKHewEAXEQ2-

https://www.google.com/search?q=My+Father%E2%80%99s+Dragon+&tbm=isch&ved=2ahUKEwiS1cmDpYTsAhXWBaYKHeSUDyIQ2-

https://www.google.com/search?q=Bud%2C+Not+Buddy&tbm=isch&ved=2ahUKEwjr74KppYTsAhWEB6YKHbcqBL0Q2-

https://www.google.com/search?q=Ramona+and+Her+Father&tbm=isch&ved=2ahUKEwi50pHNpYTsAhVixIsBHSS9Bo8Q2-

https://www.google.com/search?q=The+House+of+the+Scorpion&tbm=isch&ved=2ahUKEwiP1YXupYTsAhUL65QKHd3KAxEQ2-

https://www.google.com/search?q=Dragonwings+&tbm=isch&ved=2ahUKEwivk5fprYTsAhW5yIsBHZR-CFEQ2-

https://www.google.com/search?q=A+Single+Shard&tbm=isch&ved=2ahUKEwiWxpGYpoTsAhWXAKYKHb8EA_cQ2-

https://www.google.com/search?q=stuart+little+book&tbm=isch&ved=2ahUKE
wjY-ZrspoTsAhX-zIsBHeVlDT4Q2-

https://www.google.com/search?q=Princess+Academy+&tbm=isch&ved=2ahU
KEwivwKjvpoTsAhUNapQKHd-BCF8Q2-

https://www.google.com/search?q=The+Egypt+Game&tbm=isch&ved=2ahUKE
wjpw4WXp4TsAhUH65QKHYCzC8lQ2-

https://www.google.com/search?q=Roald+Dahl+%EC%8B%9C%EB%A6%AC%EC
%A6%88+&tbm=isch&ved=2ahUKEwihP-Ir4TsAhULa5QKHQ3XDEUQ2-

https://www.google.com/search?q=The+Chocolate+Touch&sxsrf=ALeKk00j00cH
bPqE1dH3JXrn2pT8hPZNfQ:1601044313350&source

https://www.google.com/search?q=Frindle&tbm=isch&ved=2ahUKEwiwsfqMzIT
sAhUHR5QKHd90BwkQ2-

https://www.google.com/search?q=Dork+Diaries&tbm=isch&ved=2ahUKEwikzP
-NzITsAhWTzlsBHRrnC6EQ2-

https://www.google.com/search?q=harry+potter+book&tbm=isch&ved=2ahUK
EwiKyr3uzITsAhXYB6YKHfY5BPcQ2-

https://www.google.com/search?q=pippi+longstocking+book&tbm=isch&ved=
2ahUKEwiPuKuVzYTsAhWBG6YKHWlGAMMQ2-

https://www.google.com/search?q=Hoot&tbm=isch&ved=2ahUKEwib0dGXzYTs
AhXwx4sBHc3BAAUQ2-

https://www.google.com/search?q=hunger+game+books&tbm=isch&ved=2ah
UKEwiimo7uzYTsAhXTwlsBHZiKBUQQ2-

https://www.google.com/search?q=The+Courage+of+Sarah+Noble&tbm=isch
&ved=2ahUKEwj6mKLxzYTsAhUhHKYKHcPnCQsQ2-

https://www.google.com/search?q=River+Boy&tbm=isch&ved=2ahUKEwih2dXE
zoTsAhWSAqYKHdLrBCEQ2-

https://www.google.com/search?q=the+hobbit+book&tbm=isch&ved=2ahUKE
wi5rrqVz4TsAhXVxlsBHd0wC5QQ2-

https://www.google.com/search?q=alice%E2%80%99s+adventures+in+wonderla
nd+book&tbm=isch&ved=2ahUKEwidpri7z4TsAhUMyZQKHfCqARkQ2-

https://www.google.com/search?q=wizard+of+oz+book&tbm=isch&ved=2ahU
KEwiT5oTqz4TsAhWJZd4KHYAOD34Q2-

https://www.google.com/search?q=lord+of+the+rings+book&tbm=isch&ved=2
ahUKEwjnkpKl0ITsAhWIC94KHa-gCM4Q2-

https://www.google.com/search?q=Wonder&tbm=isch&ved=2ahUKEwilouSn0IT
sAhVCd94KHUH1AFUQ2-
https://www.google.com/search?q=the+adventures+of+huckleberry+finn+book
&tbm=isch&ved=2ahUKEwiN7t3y0ITsAhVBEYgKHUvPBA8Q2-

https://www.google.com/search?q=Awful+Auntie&tbm=isch&ved=2ahUKEwi_8
o310ITsAhUxMHAKHedOBEYQ2-

https://www.google.com/search?q=Demon+Dentist&tbm=isch&ved=2ahUKEwj
5svaW0YTsAhXBEnAKHX9wA7QQ2-

https://www.google.com/search?q=Rules+book&tbm=isch&ved=2ahUKEwjumP
_U0YTsAhURxIsBHXEVDZcQ2-

https://www.google.com/search?q=The+Old+Man+and+the+Sea&tbm=isch&v
ed=2ahUKEwiuvcfZ0YTsAhWDwosBHcTlC_YQ2-

https://www.google.com/search?q=The+Little+Prince&tbm=isch&ved=2ahUKE
wil9bmZ0oTsAhWSAKYKHSiNAiUQ2-

https://www.google.com/search?q=When+You+Reach+Me&tbm=isch&ved=2a
hUKEwi54_C70oTsAhVPA5QKHbHSCeQQ2-

https://www.google.com/search?q=The+Chronicles+of+Narnia&tbm=isch&ved
=2ahUKEwiYpJzr0oTsAhUjxosBHSpYAj4Q2-

https://www.google.com/search?q=Inkheart&tbm=isch&ved=2ahUKEwiUhION0
4TsAhW0x4sBHc3mB40Q2-

https://www.google.com/search?q=To+Kill+a+Mockingbird&tbm=isch&ved=2a
hUKEwjXm8Cz04TsAhVM5JQKHcyBBVYQ2-

https://www.google.com/search?q=A+Storm+of+Swords+&tbm=isch&ved=2ah
UKEwjRyfb104TsAhVrzYsBHVk3CDsQ2-
https://www.google.com/search?q=Percy+Jackson+and+Olympians+&tbm=isch
&ved=2ahUKEwiWyfic1ITsAhUVDJQKHbpTAz8Q2-

https://www.google.com/search?q=The+Underneath+&tbm=isch&ved=2ahUKE
wjSm5vT1ITsAhVO1ZQKHRdSB4MQ2-

https://www.google.com/search?q=Julie+of+the+Wolves&tbm=isch&ved=2ahU
KEwiW8sH41ITsAhUK7JQKHROrCmIQ2-

https://www.google.com/search?q=Tuesdays+with+Morrie&tbm=isch&ved=2ah
UKEwjb3reZ1YTsAhUiIqYKHXtoB_oQ2-

https://www.google.com/search?q=the+willoughbys+book&tbm=isch&ved=2a
hUKEwjJy_j11YTsAhUHVJQKHb0zASgQ2-

https://www.google.com/search?q=twilight+book&tbm=isch&ved=2ahUKEwjvp
pT41YTsAhUKHKYKHTjcCh4Q2-

https://www.google.com/search?q=the+war+with+grandpa+book&tbm=isch&v
ed=2ahUKEwj70uSt34XsAhU_zYsBHV3MCxYQ2-

https://www.google.com/search?q=big+nate+books&tbm=isch&ved=2ahUKEwi
5l_Cu4IXsAhX0xIsBHUoFAhEQ2-

https://www.google.com/search?q=the+giving+tree+book&tbm=isch&ved=2ah
UKEwiOnLqK4YXsAhUQBaYKHdQrCzQQ2-

https://www.google.com/search?q=Out+of+My+Mind+by+Sharon+M.+Draper
+++++&tbm=isch&ved=2ahUKEwiNpJmN4YXsAhWyzIsBHS-nDW8Q2-

https://www.google.com/search?q=Flipped++by+Wendelin+Van+Draanen&tb
m=isch&ved=2ahUKEwjvsq3F4YXsAhXK0mEKHa0YB0AQ2-

https://www.google.com/search?q=Stargirl++by+Jerry+Spinelli&tbm=isch&ved
=2ahUKEwjDgdzx4YXsAhVWEHAKHQC2Bk4Q2-

https://www.google.com/search?q=Things+Not+Seen+++by+Andrew+Clement
s&tbm=isch&ved=2ahUKEwiLoMr54oXsAhUVBJQKHbpjDlcQ2-

https://www.google.com/search?q=How+to+Steal+a+Dog++by+Barbara+O%27connor&tbm=isch&ved=2ahUKEwjlgpH-4oXsAhUUEKYKHckkBP0Q2-

https://www.google.com/search?q=Someday+Angeline+by+Louis+Sachar&tbm=isch&ved=2ahUKEwi1pKqr44XsAhULDZQKHYc5CVIQ2-

https://www.google.com/search?q=Chocolate+Fever+by+Robert+Kimmel+Smith%2C+Gioia+Fiammenghi&tbm=isch&ved=2ahUKEwjU15fO44XsAhWWAKYKHU3JAWUQ2-

https://www.google.com/search?q=Jane+Eyre+by+Charlotte+Bront%C3%AB&hl=ko&sxsrf=ALeKk0

https://www.google.com/search?q=Treasure+Island+++by+Robert+Louis+Stevenson&tbm=isch&ved=2ahUKEwiRg6q3_IXsAhVHy4sBHQahBg8Q2-

https://www.google.com/search?q=The+Adventures+of+Robin+Hood++by+Howard+Pyle&tbm=isch&ved=2ahUKEwivu7Dh_IXsAhWJA6YKHXL2BKwQ2-

https://www.google.com/search?q=Dead+Poets+Society+by+Kleinbaum%2C+Nancy+H.&tbm=isch&ved=2ahUKEwjaiL6E_YXsAhVvzYsBHaKFA2EQ2-

https://www.google.com/search?q=No+Fear+Shakespeare&tbm=isch&ved=2ahUKEwjSlfTK_YXsAhVBVJQKHYXiCr0Q2-

https://www.google.com/search?q=Heidi++by+Johanna+Spyri&tbm=isch&ved=2ahUKEwjQkYX1_YXsAhVZzYsBHed8C2wQ2-

https://www.google.com/search?q=The+Adventures+of+Tom+Sawyer+by+Mark+Twain&tbm=isch&ved=2ahUKEwj48oWX_oXsAhVQAKYKHdzbDacQ2-

https://www.google.com/search?q=Puffin+Classics+&tbm=isch&ved=2ahUKEwjcmfHQ_oXsAhVN6ZQKHWIKB8sQ2-

https://www.google.com/search?q=How+to+Train+Your+Dragon+by+Cressida+Cowell&tbm=isch&ved=2ahUKEwioiPCA_4XsAhVWQPUHHcv2B1AQ2-

https://www.google.com/search?q=Doll+Bones+by+Holly+Black&tbm=isch&ved=2ahUKEwjqssC3_4XsAhVmQPUHHcr5CyoQ2-

https://www.google.com/search?q=One+Came+Home++by+Amy+Timberlake&tbm=isch&ved=2ahUKEwiK26PS_4XsAhVLEKYKHbwgBucQ2-

https://www.google.com/search?q=Who+Moved+My+Cheese%3F+For+Teens+Educated&tbm=isch&ved=2ahUKEwizzrPw_4XsAhWlBaYKHXOrBfkQ2-

https://www.google.com/search?q=The+Witch+of+Blackbird+Pond++by+Elizabeth+George+Speare&tbm=isch&ved=2ahUKEwjF2tvfhYbsAhWEHaYKHebyDLMQ2-
https://www.google.com/search?q=Little+House+in+the+Big+Woods+++by+Laura+Ingalls+Wilder&tbm=isch&ved=2ahUKEwiDvt2Ph4bsAhUgy4sBHSjhAsoQ2-

https://www.google.com/search?q=Unfortunate+Events+%EC%8B%9C%EB%A6%AC%EC%A6%88+

https://www.google.com/search?q=Anne+of+Green+Gables&tbm=isch&ved=2ahUKEwjEuJTuh4bsAhUF_5QKHegoB_wQ2-

https://www.google.com/search?q=The+Boy+in+the+Striped+Pajamas++by+John+Boyne+&tbm=isch&ved=2ahUKEwip_qakiIbsAhXHEKYKHWYbCAIQ2-

https://www.google.com/search?q=The+Invention+of+Hugo+Cabret++by+Brian+Selznick&tbm=isch&ved=2ahUKEwiBkfPoiIbsAhUPvJQKHVkRDTQQ2-

https://www.google.com/search?q=The+Mysterious+Benedict+Society+%EC%8B%9C%EB%A6%AC

https://www.google.com/search?q=Warries+%EC%8B%9C%EB%A6%AC%EC%A6%88+++by+Erin+

https://www.google.com/search?q=A+Summer+to+Die++by+Lois+Lowy%2C+Jenni+Oliver&tbm=isch&ved=2ahUKEwiah5ThiYbsAhX-zIsBHf79CjQQ2-

https://www.google.com/search?q=george%27s+secret+key+series&tbm=isch&ved=2ahUKEwjnmtC9iobsAhVB0ZQKHZYhAFcQ2-

https://www.google.com/search?q=The+Fault+in+Our+Stars++by+John+Green&tbm=isch&ved=2ahUKEwiNk6XAiobsAhUG4ZQKHddOCaEQ2-

https://www.google.com/search?q=Mrs%2C+Piggle+-

https://www.google.com/search?q=So+B.+It+++by+Sarah+Weeks&tbm=isch&ved=2ahUKEwjL1tGsi4bsAhXNDN4KHVwFBZwQ2-

https://www.google.com/search?q=The+Diary+of+a+Young+Girl++by+Anne+Frank&tbm=isch&ved=2ahUKEwj30eTUi4bsAhVM8WEKHXIIDYAQ2-

https://www.google.com/search?q=a+christmas+carol+by+charles+dickens+book&tbm=isch&ved=2ahUKEwitkfqWjIbsAhUE7JQKHSpqDpoQ2-

https://www.google.com/search?q=A+Man+Called+Ove+++by+Fredrik+Backman&tbm=isch&ved=2ahUKEwi08LS2jIbsAhVlzIsBHbW9AOsQ2-

https://www.google.com/search?q=The+Alchemist++by+Paulo+Coelho&tbm=isch&ved=2ahUKEwi2zuPpjIbsAhUlBaYKHbYOB8AQ2-

유튜브 Song 영상사진 출처

https://www.youtube.com/watch?v=rsxhDJhZ8kk

https://www.youtube.com/watch?v=g1NUpFqtLPg

https://www.youtube.com/watch?v=ZanHgPprl-0

https://www.youtube.com/watch?v=6-RXy77rla0&t=6s

https://www.youtube.com/watch?v=e_04ZrNroTo&t=9s

https://www.youtube.com/watch?v=l4WNrvVjiTw

https://www.youtube.com/watch?v=eBVqcTEC3zQ

https://www.youtube.com/watch?v=RNUZBHlRH4Y

리더스북시기에 듣기 좋은 영상사진 출처

https://www.youtube.com/watch?v=xaXCf_fPD2k

https://www.youtube.com/watch?v=7mKfxqWFw1Y&list=PLP22qlfK2ZNSpxTg8Hn_larG6sHL6IWV3

https://www.youtube.com/watch?v=bEUrpMvgi5E

https://www.youtube.com/watch?v=-uOq0ri5wFE

https://www.youtube.com/watch?v=r1QHvWfvV5Y&list=PLzwKmnomnXW74NTOgKK06Llg_0801Att
m

https://www.youtube.com/watch?v=VMB6MrXZKCE

https://www.youtube.com/watch?v=b0y3Dr9wLlQ

https://www.youtube.com/watch?v=vUBKrSwCprY

https://www.youtube.com/watch?v=FJ0G6PqJBFE&list=PLUIixndCOJ8xIlKX6JnYNlPOtwMKkeaqG

https://www.youtube.com/watch?v=XWB72ze-4oY

추천 DVD 사진 출처

https://www.google.com/search?q=The+Adventures+of+Napkin+Man&tbm=isc
h&ved=2ahUKEwjusP6v-8HsAhVKEogKHUFMBR0Q2-

https://www.google.com/search?q=Thomas+%26Friends+%EC%8B%9C%EB%A6
%AC%EC%A6%88&tbm=isch&ved=2ahUKEwioo4yxhsLsAhV6zYsBHXI2BhEQ2-

https://www.google.com/search?q=Clifford+%EC%8B%9C%EB%A6%AC%EC%A6
%88+DvD&tbm=isch&ved=2ahUKEwi2w_jmhsLsAhURNKYKHW91CCAQ2-

https://www.google.com/search?q=OLIVIA+%EC%8B%9C%EB%A6%AC%EC%A6
%88++DvD&tbm=isch&ved=2ahUKEwiAisuph8LsAhVGTZQKHajOCXMQ2-

https://www.google.com/search?q=Winnie+the+Pooh+DVD&tbm=isch&ved=2
ahUKEwjc6Y6qiMLsAhVjQPUHHRAYDR4Q2-

https://www.google.com/search?q=Octonauts+%EC%8B%9C%EB%A6%AC%EC%
A6%88&tbm=isch&ved=2ahUKEwjyvIeuiMLsAhULgcYKHYYDBBQQ2-

https://www.google.com/search?q=Angelina+Ballerina+%EC%8B%9C%EB%A6%AC%EC%A6%88&tbm=isch&ved=2ahUKEwjo7qTwj8LsAhV8JaYKHaRKCCgQ2-

https://www.google.com/search?q=Chloe%E2%80%99s+Closet+%EC%8B%9C%EB%A6%AC%EC%A6%88DvD&tbm=isch&ved=2ahUKEwir0423kMLsAhUFD94KHTUrDeIQ2-

영화추천작 사진 출처

https://www.google.com/search?q=Trolls+++%ED%8A%B8%EB%A1%A4++2016&sxsrf=ALeKk03OhhdVk

https://www.google.com/search?q=Chicken+Run++%EC%B9%98%ED%82%A8%EB%9F%B0++2000&tbm=isch&ved=2ahUKEwiw9v6t-MHsAhW_zYsBHV1_DE8Q2-

https://www.google.com/search?q=Shrek+++%EC%8A%88%EB%A0%89+&tbm=isch&ved=2ahUKEwj449Wt-sHsAhVFdJQKHY6PByQQ2-

https://www.google.com/search?q=Bee+Movie++%EA%BF%80+%EB%8C%80%EC%86%8C%EB%8F%99++2007&tbm=isch&ved=2ahUKEwiSltyE-8HsAhVL6ZQKHd14A2sQ2-

https://www.google.com/search?q=Shark+Tale&sxsrf=ALeKk03_ZiKXY7RyNjnF8bktWTKaH9nrDw:1603254737224&source=

https://www.google.com/search?q=%EB%82%98%EB%8B%88%EC%95%84+%EC%97%B0%EB%8C%

https://www.google.com/search?q=Miracle+on+34th+Street+1994&tbm=isch&ved=2ahUKEwj0tq7m7cTsAhVQAKYKHSOVBB4Q2-

https://www.google.com/search?q=Eight+Below+2006&tbm=isch&ved=2ahUKEwiOtLyU7sTsAhVC4ZQKHa2pCv4Q2-

https://www.google.com/search?q=Free+Willy+1993&tbm-isch&ved=2ahUKEwjH-lO97sTsAhUK5pQKHcOsBGUQ2-

https://www.google.com/search?q=Night+at+the+Museum++2006&tbm=isch&ved=2ahUKEwjYk4Hf7sTsAhUEAqYKHTISCJ4Q2-

https://www.google.com/search?q=Charlie+and+the+Chocolate+Factory+%EC%B0%B0%EB%A6%A

https://www.google.com/search?q=Diary+of+Wimpy+Kid+2010+%EC%9C%94%ED%94%BC%ED%82%A4%EB%93%9C&tbm=isch&ved=2ahUKEwiG8dyb78TsAhVE4pQKHUigDvUQ2-

https://www.google.com/search?q=Esio+Trot+%EC%97%90%EC%8B%9C%EC%98%A4+%ED%8A%B

https://www.google.com/search?q=Harry+Potter+Series++%ED%95%B4%EB%A6%AC%ED%8F%AC

https://www.google.com/search?q=Fantastic+MR.+Fox++%ED%8C%90%ED%83%80%EC%8A%A4%ED%8B%B1+Mr.+%ED%8F%AD%EC%8A%A4+2009&tbm=isch&ved=2ahUKEwjlvu-m8MTsAhVGaN4KHVd9DqYQ2-

https://www.google.com/search?q=Judy+Moody+and+the+Not+Bummer+Summer++%EC%A3%B

https://www.google.com/search?q=Jumaji++%EC%A5%AC%EB%A7%8C%EC%A7%80++1995%2C+2017&tbm=isch&ved=2ahUKEwj7vbmB8cTsAhWCB6YKHd5QBTcQ2-

https://www.google.com/search?q=Matilda++%EB%A7%88%ED%8B%B8%EB%8B%A4+1996&tbm=isch&ved=2ahUKEwi1uOnp8cTsAhVE5pQKHX-vBmYQ2-

https://www.google.com/search?q=The+Lion+King++%EB%9D%BC%EC%9D%B4%EC%98%A8+%ED%82%B9+1994%2C+2019&tbm=isch&ved=2ahUKEwjgybiO8sTsAhWQG6YKHcJoCEoQ2-

https://www.google.com/search?q=Inside+out++%EC%9D%B8%EC%82%AC%EC%9D%B4%EB%93%9C+%EC%95%84%EC%9B%83+2015&tbm=isch&ved=2ahUKEwi2-

https://www.google.com/search?q=Paddington+1%2C2++%ED%8C%A8%EB%94%A9%ED%84%B4+2014%2C2017&tbm=isch&ved=2ahUKEwjw8d308sTsAhVH3WEKHZcrDQ0Q2-

https://www.google.com/search?q=The+BFG++%EB%82%B4+%EC%B9%9C%EA%B5%AC+%EA%BC%AC%EB%A7%88+%EA%B1%B0%EC%9D%B8+1989&tbm=i

sch&ved=2ahUKEwjI_sOf88TsAhUZEYgKHTj_DecQ2-

https://www.google.com/search?q=The+Boss+Baby++%EB%B3%B4%EC%8A%A
4+%EB%B2%A0%EC%9D%B4%EB%B9%84+2017&tbm=isch&ved=2ahUKEwjT8q
O_88TsAhUCVJQKHXT_B6AQ2-

https://www.google.com/search?q=The+Cat+in+the+Hat+%EB%8D%94+%EC%
BA%A3+2003&tbm=isch&ved=2ahUKEwjVzMrm88TsAhWly4sBHUqSC8UQ2-

https://www.google.com/search?q=Where+the+Wild+Things+Are++%EA%B4%
B4%EB%AC%BC%EB%93%A4%EC%9D%B4+%EC%82%AC%EB%8A%94+%EB%82
%98%EB%9D%BC++2009&tbm=isch&ved=2ahUKEwis1vqZ9MTsAhVuzlsBHZn9
DckQ2-

https://www.google.com/search?q=Moana++%EB%AA%A8%EC%95%84%EB%8
2%98+2016&tbm=isch&ved=2ahUKEwir34DH9MTsAhVhyosBHQBQDO0Q2-

https://www.google.com/search?q=Charlotte%E2%80%99s+Web+%EC%83%AC
%EB%A1%AF%EC%9D%98+%EA%B1%B0%EB%AF%B8%EC%A4%84+2006&tbm
=isch&ved=2ahUKEwiH0urm9MTsAhWSgcYKHfc4CFIQ2-

https://www.google.com/search?q=The+Wizard+of+Oz+%EC%98%A4%EC%A6
%88%EC%9D%98+%EB%A7%88%EB%B2%95%EC%82%AC+1939&tbm=isch&ve
d=2ahUKEwiF9LWK9cTsAhULvJQKHSKXDK4Q2-

https://www.google.com/search?q=The+Sound+of+Music+%EC%82%AC%EC%9
A%B4%EB%93%9C+%EC%98%A4%EB%B8%8C+%EB%AE%A4%EC%A7%81+196
5&tbm=isch&ved=2ahUKEwiBoMiu9cTsAhUUAt4KHdgoD8YQ2-

https://www.google.com/search?q=Frozen+%EA%B2%A8%EC%9A%B8%EC%99
%95%EA%B5%AD+2013&tbm=isch&ved=2ahUKEwie2b3z9cTsAhUFCN4KHfcGB
hIQ2-

https://www.google.com/search?q=Big+Hero+%EB%B9%85+%ED%9E%88%EC%
96%B4%EB%A1%9C+2014&tbm=isch&ved=2ahUKEwiZy7qW9sTsAhUBMKYKHa
rTBJEQ2-

https://www.google.com/search?q=Aladdin+%EC%95%8C%EB%9D%BC%EB%94
%98+2019&tbm=isch&ved=2ahUKEwi-n9219sTsAhUKDZQKHWy4AMwQ2-

https://www.google.com/search?q=Mulan+%EB%AE%AC%EB%9E%80+1998&tb
m=isch&ved=2ahUKEwjhi7eX98TsAhVVMt4KHQISDLMQ2-

https://www.google.com/search?q=Beauty+and+the+Beast+%EB%AF%B8%EB%85%80%EC%99%80

https://www.google.com/search?q=James+and+the+Giant+Peach+%EC%A0%9C%EC%9E%84%EC%8A%A4%EC%99%80+%EA%B1%B0%EB%8C%80%ED%95%9C+%EB%B3%B5%EC%88%AD%EC%95%84+1996&tbm=isch&ved=2ahUKEwiImrf98TsAhUNet4KHah5AI8Q2-

https://www.google.com/search?q=Rise+Of+the+Guardians+%EA%B0%80%EB%94%94%EC%96%B8%EC%A6%88+2012&tbm=isch&ved=2ahUKEwiO8Paj-MTsAhUNhJQKHd6cB4sQ2-

https://www.google.com/search?q=Finding+Nemo+%EB%8B%88%EB%AA%A8%EB%A5%BC+%EC%B0%BE%EC%95%84%EC%84%9C+2003&tbm=isch&ved=2ahUKEwitoOLc-

https://www.google.com/search?q=Tangled+%EB%9D%BC%ED%91%BC%EC%A0%A4+2010&tbm=isch&ved=2ahUKEwjaue-Y-cTsAhXqy4sBHW4dBbMQ2-

https://www.google.com/search?q=Kung+Fu+Panda++%EC%BF%B5%ED%91%B8%ED%8C%AC%EB%8D%94+2008&tbm=isch&ved=2ahUKEwj7t4PK-cTsAhUUxosBHcgWCr8Q2-

https://www.google.com/search?q=Toy+Story+%ED%86%A0%EC%9D%B4%EC%8A%A4%ED%86%A0%EB%A6%AC+1995%2C+1999%2C+2010%2C+2019&tbm=isch&ved=2ahUKEwjc4pnn-cTsAhUOxIsBHXcwAoYQ2-

https://www.google.com/search?q=Zootopia++%EC%A3%BC%ED%86%A0%ED%94%BC%EC%95%84+2016&tbm=isch&ved=2ahUKEwiAqriN-sTsAhVLa5QKHUa8APMQ2-

https://www.google.com/search?q=Avatar+%EC%95%84%EB%B0%94%ED%83%80+2009&tbm=isch&ved=2ahUKEwittcm4-sTsAhXPzIsBHVPfBMUQ2-

https://www.google.com/search?q=The+Giver+%EB%8D%94+%EA%B8%B0%EB%B2%84%2C+%EA%B8%B0%EC%96%B5%EC%A0%84%EB%8B%AC%EC%9E%90+1993&tbm=isch&ved=2ahUKEwi-wazd-sTsAhWtJaYKHentDXwQ2-

https://www.google.com/search?q=Mrs.+Doubtfire++%EB%AF%B8%EC%84%B8%EC%8A%A4+%EB%8B%A4%EC%9B%83%ED%8C%8C%EC%9D%B4%EC%96%B4+1993&tbm=isch&ved=2ahUKEwjm2tL5-sTsAhWxJqYKHUPSCtQQ2-

https://www.google.com/search?q=Wonder++%EC%9B%90%EB%8D%94+2017

&tbm=isch&ved=2ahUKEwj3xqC1-8TsAhUWgpQKHaS5AEEQ2-

https://www.google.com/search?q=A+Christmas+Carol++%ED%81%AC%EB%A
6%AC%EC%8A%A4%EB%A7%88%EC%8A%A4+%EC%BA%90%EB%A1%A4+2009
&tbm=isch&ved=2ahUKEwip64_r-8TsAhVKWpQKHbZ-BcgQ2-

https://www.google.com/search?q=The+Boy+in+the+Striped+Pajamas+%EC%A
4%84%EB%AC%B4%EB%8A%AC+%ED%8C%8C%EC%9E%90%EB%A7%88%EB%
A5%BC+%EC%9E%85%EC%9D%80+%EC%86%8C%EB%85%84+2006&tbm=isch
&ved=2ahUKEwj9yebq_MTsAhUD7JQKHe-MB74Q2-

https://www.google.com/search?q=Ramona+and+Beezus++%EB%9D%BC%EB%
AA%A8%EB%84%88+%EC%95%A4+%EB%B9%84%EC%A0%80%EC%8A%A4+20
10&tbm=isch&ved=2ahUKEwj0wvGV_cTsAhXZBaYKHTSJCuAQ2-

https://www.google.com/search?q=Flipped++%ED%94%8C%EB%A6%BD+2010
&tbm=isch&ved=2ahUKEwj2sLi9_cTsAhUSBpQKHWJPDEYQ2-

https://www.google.com/search?q=Fantastic+Beasts++%EC%8B%A0%EB%B9%8
4%ED%95%9C+%EB%8F%99%EB%AC%BC%EC%82%AC%EC%A0%84+2016&tb
m=isch&ved=2ahUKEwidouv4_cTsAhVYAaYKHQHdCHIQ2-

https://www.google.com/search?q=Maleficent+%EB%A7%90%EB%A0%88%ED%
94%BC%EC%84%BC%ED%8A%B8+2014%2C+2019&tbm=isch&ved=2ahUKEwi6
yMCf_sTsAhULDZQKHWg2BWcQ2-

https://www.google.com/search?q=Holes++%ED%99%80%EC%8A%A4+2003&t
bm=isch&ved=2ahUKEwinn6TQ_sTsAhVNyIsBHQmpAD0Q2-

https://www.google.com/search?q=The+Lord+of+The+Ring++%EB%B0%98%EC
%A7%80%EC%9D%98+%EC%A0%9C%EC%99%95+2001&tbm=isch&ved=2ahU
KEwie6pGd_8TsAhX7y4sBHYcsDyQQ2-

https://www.google.com/search?q=Coco++%EC%BD%94%EC%BD%94+2017&t
bm=isch&ved=2ahUKEwit54e-_8TsAhUKXZQKHSShDtYQ2-